职业教育旅游大类
系 列 教 材

京师职教
JingShi Vocational Education

▶▶▶

DAOYOUCI XIEZUO
SHIXUN

导游词写作
实训

■ 主 编：秦盛林

■ 副主编：王一乔 王 薇 张琴

■ 编 委：张 琴 秦盛林 王 薇 王一乔

■ 摄 影：秦盛林 王 薇 王一乔

■ 主 审：秦秀兰

北京师范大学出版集团
BEIJING NORMAL UNIVERSITY PUBLISHING GROUP
北京师范大学出版社

图书在版编目（CIP）数据

导游词写作实训 / 秦盛林主编 ． — 北京 ： 北京师范大
学出版社，2024.8（2025.1 重印）
ISBN 978-7-303-29655-2

Ⅰ．①导… Ⅱ．①秦… Ⅲ．①导游－解说词－创作－
中国－中等专业学校－教材 Ⅳ．① K928.9

中国国家版本馆 CIP 数据核字（2024）第 000523 号

教材意见反馈：zhijiao@bnupg.com
营销中心电话：010-58802755 58800035
编 辑 部 电话：010-58808077

出版发行：北京师范大学出版社 www.bnupg.com
　　　　　北京市西城区新街口外大街 12-3 号
　　　　　邮政编码：100088
印　　刷：天津中印联印务有限公司
经　　销：全国新华书店
开　　本：889 mm×1194 mm　1/16
印　　张：6
字　　数：100 千字
版　　次：2024 年 8 月第 1 版
印　　次：2025 年 1 月第 2 次印刷
定　　价：19.80 元

策划编辑：易　新　　　　　　责任编辑：陈　倩
美术编辑：焦　丽　　　　　　装帧设计：焦　丽
责任校对：陈　民　　　　　　责任印制：赵　龙

前　言

全国旅游行业以党的二十大精神为指引，奋力推进高质量发展，取得了辉煌成就，呈现出增长速度快、资源消耗低、带动系数大、就业机会多、综合效益好的积极面。旅游产业规模不断扩大，产业体系日趋完善，旅游消费已经成为中国居民生活消费的重要组成部分。

要满足广大游客对旅游的高质量体验要求和个性化需求，导游词就不可再是简单化、格式化的，而应有深度，有趣味性。导游词写作实训课程是职业院校旅游类专业的一门专业技能方向的课程，为学生从事导游讲解服务工作提供方法指导。本课程旨在培养学生根据旅游环节中的不同时段、不同旅游景观类型、不同旅游团型，进行不同类型导游词写作的能力。

本教材主编、国家高级导游、四川省导游协会副会长秦盛林同志，牢记党的二十大报告对课程思政的要求，以改革创新为导向，把思想政治课程作为实现中华民族伟大复兴的重要实践场，用中国特色社会主义思想武装学生，加强思想政治教育，把思想政治课程融入整个学校的文化生活，同时结合新业态新发展，兼顾地方经济发展和旅游市场需求，开展适合旅游教育实际、紧跟时代潮流的课程教学，努力为学生的思想和道德修养提供引导，培养学生的思想文明、法治精神和社会责任感，让全体学生从思想上拥抱中华民族伟大复兴的宏伟目标，从行动上建设中国特色社会主义的辉煌未来。

本教材的总体设计思路是以导游讲解为引领，以岗位职能为主线，实现"学做结合，任务驱动"的一体化教学。本教材分为导游词写作认知、欢迎词与欢送词写作实训、人文景观导游词写作实训、自然景观导游词写作实训、地方文化导游词写作实训、不同团型的旅游团导游词写作实训、竞赛型导游词写作实训、图片型导游词写作实训八个模块，采用任务驱动、案例分析、情境模拟、体验学习、小组合作等活动形式，旨在培养具有文化认同感与文化自信、能完成高品质导游词写作的高素质劳动者和技能型人才。

本教材既适用于旅游服务与管理专业的景区（点）讲解专业课程教学，也适用于高星级酒店运营与管理专业的综合技能教学，还可当作各旅游景区（点）的讲解员用以提高自身讲解水平的专业书籍。本教材内容翔实，涵盖多种导游词类型，旨在满足读者的多种需求。各学校也可根据具体情况，对内容进行增加或者删减，以满足个性化的教学需求。

具体学时安排建议如下：

模块名	课程内容	拟用学时
模块一	导游词写作认知	6
模块二	欢迎词与欢送词写作实训	4
模块三	人文景观导游词写作实训	4
模块四	自然景观导游词写作实训	4
模块五	地方文化导游词写作实训	4
模块六	不同团型的旅游团导游词写作实训	4
模块七	竞赛型导游词写作实训	4
模块八	图片型导游词写作实训	6

（建议 36 课时，可根据实际情况调整）

本教材在编写过程中得到了四川省导游协会、相关地市州教育科学研究院（所）、各重点职业院校、相关旅游景区（点）的大力支持与帮助，在此表示衷心的感谢。

希望各院校和其他读者在使用本教材的过程中向我们提出宝贵建议，我们将不断改进，使其更加完善。

配套课件

目　录

模块一　导游词写作认知

素养目标：

★ 能坚定理想信念，传承中华优秀传统文化，自觉树立和践行社会主义核心价值观

★ 培养职业自豪感及牢固的服务意识，能做到自信、热情、敬业、爱岗

★ 培养良好的职业道德，能展示导游人员良好的精神面貌

知识目标：

★ 了解导游词的概念、创作原则、功能和表述方法

★ 掌握导游词的结构和创作要求

能力目标：

★ 能根据实例，讲述导游词的创作流程

★ 能按所给的景区（点）零散素材，完成导游词创作

　　导游词是导游人员与游客之间沟通交流的桥梁。一篇优秀的导游词不仅能向游客展示景点的独特魅力，帮助他们更好地了解和欣赏景点，而且能向游客传递景点的历史文化内涵，还能引发游客的兴趣，增强他们的参与感。在导游词创作中，对景点的介绍是基础且关键的环节。我们需要深入挖掘每个景点的历史文化内涵，了解景点背后的故事和传说，并结合景点的地理、建筑、人文等方面的特点，用生动形象的语言将景点呈现出来。与此同时，将历史人物与景点相结合，为游客讲述相关的历史故事，可以进一步丰富景点的内涵，提高游览的趣味性。为了让游客更加深入地了解景点，与游客进行互动是必不可少的环节。在进行导游讲解时，我们可以加入问答、游戏等，引导游客参与其中。例如，在介绍某个历史人物时，我们可以邀请游客扮演该人物，从而让游客更加深入地了解其生平事迹。

我们也可以根据景点的特色设计一些有创意的互动，让游客在参与的过程中感受到旅行的乐趣。除此之外，我们还应该注重个性化表达，避免千篇一律。我们应结合自身的经历和知识，用富有感染力的语言来讲述景点故事，让导游词更具特色。同时，我们要关注游客的需求和兴趣点，根据不同的游客群体进行有针对性的讲解，从而更好地满足他们的需求。

模块任务

学生通过学习本模块的知识，完成以下任务。

★ 任务一：认识导游词，完成【任务评价】和【实训心得】的填写。

★ 任务二：掌握导游词的结构和创作要求，完成【任务评价】和【实训心得】的填写。

★ 任务三：巧用景区（点）零散素材完成导游词创作，以及【任务评价】和【实训心得】的填写。

任务一　认识导游词

模块一任务一

★ 活动一　课前预习

◎ 通过报纸、杂志、网络等途径收集 2～3 篇导游词，尝试总结导游词的特点。

◎ 想一想：中国幅员辽阔，旅游景区（点）众多，种类丰富，因此创作不同风格的导游词是导游人员的必备技能。作为未来的导游人员，你准备好了吗？导游人员在创作导游词时可以从哪些方面切入？

★ 活动二　知识学习

一、导游词的概念

导游词是导游人员引导游客观光游览时的讲解词，是导游人员同游客交流思想、向游客传播文化知识的工具，也是吸引和招徕游客的重要手段。

导游词从形式上分为书面导游词和口语导游词两种。通常人们所说的导游词创作主要是指书面导游词的创作。

书面导游词，一般是指人们根据所讲景观的特点、独特文化等，遵照一定的游览路线，模拟游览活动而创作的导游词；口语导游词，是对书面导游词的二度创作，是指导游人员在掌握了书面导游词的基本内容后，根据带领游客游览时的实际情况，临场发挥，二度创作的导游词。

二、导游词的创作原则

口语导游词可以使导游人员更有针对性地服务游客，完成与游客之间的有效交流。为了让导游人员快速理解书面导游词所要传递的知识，无障碍地完成二度创作，在创作书面导游词时，我们应紧扣临场性、实用性、综合性、知识性、趣味性的原则。

（一）临场性

在创作书面导游词时，我们可以把自己当作导游，设想自己正在带领游客游览。导游词是遵照游览路线层层展开的。为了增强临场感，导游词多以第一人称的方式呈现。在修辞方面，我们多用设问、反问等手法，从而营造出很强烈的临场效果。

（二）实用性

书面导游词有两方面的作用，一是作为导游人员实际讲解时的参考，二是作为游客了解某一景区（点）的资料。因此，书面导游词要有很强的实用性。

（三）综合性

书面导游词的内容要翔实，对每一个景点都要加以概括性的介绍，并对主要景点进行具体、详细的介绍，从而使游客对旅游目的地有全面、深入的了解。

（四）知识性

导游词不仅涉及自然科学知识，如地质成因、动植物学知识、力学原理，而且涉及社会科学知识，如宗教常识、美学知识、文学知识等，还涉及建筑、园林、书法、绘画等方面的知识。因此，我们在创作导游词时，不仅要旁征博引，使导游词的内容丰富且引人入胜，而且要确保导游词的内容准确无误，令人信服。

（五）趣味性

我们在创作导游词时要注意内容和语言的趣味性。我们可以穿插一些古老的传说和有趣的民间故事，以激起游客的兴趣和好奇心。但是要注意，所选用的传说和民间故事必须是正面的。另外，我们要注意语言的丰富性。生动形象的语言更容易将游客带入意境，给他们留下深刻的印象。我们还可以恰当地运用修辞手法，如比喻、排比、夸张、象征等，从而将静止的景观化为生动鲜活的画面，使游客沉醉其中。

三、导游词的功能

导游词的功能如下。

第一，引导游客鉴赏。导游人员通过讲解、评说，引导游客欣赏旅游景观，使其达到最佳游览效果。

第二，传播文化知识。导游人员通过向游客介绍景区（点）的地理风貌、风土人情、历史典故、民族风俗，使游客增长见识，增进对旅游景区（点）的了解。

第三，陶冶游客情操。导游人员通过语言艺术和语言技巧，为游客勾勒出一幅幅立体的图画，给游客以生动的视觉形象，把游客引入一种特定的意境，从而达到陶冶游客情操的目的。

第四，帮助游客了解旅游商品。导游人员对旅游地出产物品的说明、讲解，客观上可以起到向游客介绍旅游商品的作用。

四、导游词的表述方法

导游词应生动、有趣且适度口语化，给人以亲切感。导游词的表述方法主要有渲染激情法、妙喻显趣法、烘托类比法、寓幽于默法、夸张饰美法、巧设悬念法等。

（一）渲染激情法

这种导游词的特点是句子短，整散结合。为了营造声势，我们可以用排比句、反问句等抒情色彩浓厚的句式。

（二）妙喻显趣法

比喻是一种形象的说明方法。运用比喻的修辞手法，可以把抽象复杂的事物介绍得生动形象，浅显易懂。

（三）烘托类比法

烘托类比法，又称"映衬法"，即在介绍眼前景物时，先简述与眼前景物类似的著名景物，以激发游客的游览兴趣和游览欲望。我们可以从内容和形式两方面运用烘托类比法。在内容上运用，可以加强语言的感染力和表达效果；在形式上运用，可以使语言表达方式更加多样。

（四）寓幽于默法

幽默是人们表达思想感情的一种手段。幽默的语言既有趣又凝练，是一种可以使导游词充满感染力和趣味性的艺术表达。在运用寓幽于默法创作导游词时我们要注意：要高雅，不要低俗；要服务主题，不要哗众取宠；要充满智慧，不要附庸风雅；要有余韵，不要肤浅。

（五）夸张饰美法

夸张的修辞手法可以增强语言的力量和感染力，使导游人员更好地抒发情感，激发游客的想象力。

（六）巧设悬念法

巧设悬念法，是指导游人员在导游讲解的开头或中间提出问题，造成悬念，以引起游客的关注。在讲到关键的地方时，导游人员可以故意留下使游客感兴趣的问题，然后"顾左右而言他"，过一段时间后再解悬念，从而给游客以豁然开朗之感，加深游客对讲解内容的印象。

⭐ 活动三　讨论与评价

【大讨论】

1. 收集自己喜欢的、有特色的导游词并在班上做介绍。

2. 为自己熟悉的某个景点创作一篇简短的导游词，并进行一分钟讲解介绍。之后全班评选出优秀的导游词并说说其特色。

【任务评价】

评价项目	自我评定	小组评定	教师评定
简述导游词的概念和创作原则（30分）			
收集并介绍有特色的导游词（20分）			
完成简短的导游词创作（文本式）（30分）			
完成2分钟左右的导游讲解（口语式）（20分）			
总评（等级评定）			
等级评定：优（90分及以上）良（80—89分）中（70—79分）合格（60—69分）不合格（60分以下）			

【实训心得】

_____

_____

_____

_____

_____

任务二　掌握导游词的结构和创作要求

模块一任务二

★ 活动一　课前预习

◎ 通过报纸、杂志、网络等途径收集关于导游词的结构和创作要求的相关资料。

◎ 想一想：导游词的结构是怎样的？一篇好的导游词需要满足哪些要求？

★ 活动二　知识学习

一、导游词的结构

要想顺利地写出一篇导游词，了解并掌握其结构是很有必要的。通常来说，一篇完整的导游词由标题、导游路线、正文三部分构成。标题一般就采用所讲景区（点）的名称，而导游路线一般按照景区导览图来设计。这里，我们重点介绍导游词的正文。

导游词的正文由四部分内容组成。

（一）前言

前言一般是导游人员在陪同游客参观、游览前，向大家表示问候、欢迎和进行自我介绍的话，实质上是一个开始，既简短、亲切，又有引出下文的作用。例如：

各位游客朋友，大家好！欢迎大家来到祖国西南地区有名的喀斯特地貌景观所在地——武隆参观。我是大家的导游，我姓韩，大家叫我小韩就可以了。非常高兴今天能够陪同各位一起领略武隆风光。

（二）总述

总述是指导游人员对将要参观、游览的景点所做的整体性介绍，目的是让游客对景点有初步的了解。例如：

欢迎您来到中国佛教文化名山——峨眉山。峨眉山位于四川省峨眉山市境内，素有"峨眉天下秀"之美称，是一个集佛教文化与自然风光于一体的国家级山岳型风景名胜区。峨眉山平畴突起，可以用八个字来概括：巍峨、秀丽、古老、神奇。它高出五岳，山势雄伟，景色秀丽，气象万千。我们现在已进入峨眉山景区内。看，重峦叠嶂，古木参天。春季万物复苏，生机勃勃，满山苍翠欲滴；夏季百花争艳，姹紫嫣红；秋季满山红叶，绚丽多彩；冬季银装素裹，白雪皑皑；别有一番景致。

（三）分述

分述是导游词的重点。导游人员按游览的先后顺序，对景点逐一进行生动、具体的描述，使游客饱览一个个景点的风韵和艺术魅力。一般来说，一个景区是由很多景点组成的。在撰写导游词时，我们要把重点放在介绍有代表性的景点和景物上，即对主要游览内容进行详细讲述。例如，峨眉山景区面积大，景点多，我们可以针对某个具体景点进行分述。以下是针对峨眉山景区的两个特色景点——报国寺、山顶云海景观进行的分述。

以下是介绍报国寺的分述。

分述 1　报国寺

大家请看，眼前的这座建筑就是报国寺了。报国寺，最初的名字叫"会宗堂"，于明代万历四十三年，也就是公元 1615 年，由明光道人在伏虎寺右侧的虎头山下建成。它的得名还很有讲究呢，取儒、释、道"三教"会宗的意思。清代初年，会宗堂迁至现在这个位置。顺治九年，也就是公元 1652 年，行僧闻达重修会宗堂。康熙四十二年，也就是公元 1703 年，康熙取佛经"四恩四报"中"报国主恩"的意思，御赐"报国寺"一名。同治五年，也就是公元 1866 年，暮春，僧人广惠扩建报国寺。新中国成立后，政府多次维修报国寺，1986 年又重建了山门，1993 年新建了钟楼、鼓楼、茶园等景点。报国寺位于峨眉山麓，海拔 551 米，是峨眉山的第一座寺庙、峨眉山佛教协会所在地，是峨眉山佛教活动的中心。在四川峨眉山的众多寺庙里，报国寺是入山的门户，是游峨眉山的起点。寺周楠树蔽空，红墙围绕，伟殿崇宏，金碧生辉，香烟袅袅，磬声频传。此寺坐西向东，朝迎旭日，晚送落霞。报国寺殿宇雄伟，有弥勒殿、大雄殿、七佛殿和普贤殿四重屋宇，它们依山而建，逐级升高。

以下是介绍山顶云海景观的分述。

分述2 山顶云海景观

峨眉山山顶的云海景观是一绝。在峨眉金顶看到云海，那可是一种特有的享受呢。站在舍身岩前，浩瀚无际的白云在岩下翻涌，远处的山峰犹如座座孤岛，只现出青葱的峰巅。云海瞬息万变，时而平铺如絮，我们称之为"云毯"；时而波涛漫卷，我们称之为"云涛"；时而簇拥如山，我们称之为"云峰"；时而聚结蓬堆，我们称之为"云团"；时而分割如窟，我们称之为"云洞"。随着风势，云层缥缈多变，十分好看。这峨眉山的金顶云海，古称"兜罗绵云"。这里我要做个解释："兜罗"，源自梵语，是一种树名；"兜罗绵"形容的是绽放的花絮纷纷扬扬、漫天飞舞的样子。

（四）结尾

一篇导游词，既要有开头，也要有结尾。结尾就是结束语，一般包括总结、回顾、祝愿和致谢。例如：

亲爱的游客朋友们，一路走来，想必峨眉山的美景给大家留下了深刻的印象。美好的时光总是短暂的，但愿我的服务能够给大家留下一些美好的回忆。祝愿大家在以后的生活中事事顺利、万事如意。钟灵毓秀的峨眉山会永远恭候各位再次光临！谢谢大家！

二、导游词的创作要求

在进行导游词创作时，我们应遵照以下要求。

（一）强调准确性

一篇优秀的导游词必须有丰富的内容，且其内容必须准确无误，令人信服。

（二）讲究口语化

导游语言是一种具有丰富表达力的、生动形象的口头语言。在创作导游词时，我们要注意多使用口语词汇和浅显易懂的书面语词汇，尽量避免使用难懂的或拗口的词汇；多使用短句，以便讲起来顺口，听起来轻松。强调口语化，不意味着可以忽视语言的规范性。

（三）彰显趣味性

为了突出导游词的趣味性，我们可以编织有趣的故事或使用生动形象的语言，如引用诗歌、歇后语，恰当地运用修辞手法等。

（四）突出针对性

导游词不应是以一代百、千篇一律的，应是因人、因时而异的。导游人员应根据不同的游客以及游客当时的情绪进行有针对性的讲解，以便游客体会到那份专属感。

（五）重视品位

导游词除了要生动有趣，还要注重品位。一要强调思想品位。弘扬爱国主义精神是导游人员义不容辞的职责。二要讲究文学品位。在确保语言规范、准确，结构严谨，内容层次符合逻辑的基础上适当地引经据典可以提高导游词的文学品位。

★ **活动三　讨论与评价**

【大讨论】

通过学习以上内容你有什么收获吗？你认为通过什么方法和途径可以更好地提升导游词写作水平呢？

【任务评价】

评价项目	自我评定	小组评定	教师评定
简述导游词的结构（40分）			
简述导游词的创作要求（60分）			
总评（等级评定）			
等级评定：优（90分及以上）良（80—89分）中（70—79分）合格（60—69分）不合格（60分以下）			

【实训心得】

_____

_____

_____

_____

_____

任务三　巧用景区（点）零散素材完成导游词创作

★ 活动一　课前预习

◎ 通过报纸、杂志、网络等途径收集教师指定景区（点）的零散素材。

◎ 想一想：怎样利用景区（点）零散素材写好一篇导游词？

模块一任务三

★ 活动二　知识学习

一、景区（点）零散素材的概念

景区（点）零散素材是指有关景区（点）的描述性文字、图片、音像等材料。

二、如何巧用景区（点）零散素材

一般来说，撰写导游词有三种方式。第一种方式是原创导游词，即在没有任何范文和材料的情况下进行创作。我们需要深入现场，亲自收集第一手材料，以完成创作。第二种方式是改写导游词，即把一篇完整的范文，按自己的讲解风格做相应的修改，只需变换一些词语，无须改变结构和框架。第三种方式是巧用素材撰写导游词，即对一些零散、无序的材料进行加工整理，写出一篇符合要求的导游词。那么该怎样巧用零散素材撰写导游词呢？

第一巧，就是巧收集。

首先要确保所收集的素材是真实可靠的，其次要不断更新和补充素材。

第二巧，就是巧梳理。

首先要梳理素材，厘清顺序、逻辑和脉络，然后根据自己的知识储备，加入其他有效内容。

第三巧，就是巧组合。

首先应明确主题，构建框架；其次将素材巧妙地放在框架的相应位置（前言、总述、分述、结尾）。

总之，巧用零散素材撰写导游词是导游人员的必备技能。只有掌握了这一技能，多练多写，我们才可以更好地为游客展示景区（点）的魅力。

三、案例分享

请阅读以下关于成都武侯祠景区的零散素材，完成一篇不少于 400 字的导游词。

> 1. 成都武侯祠是全世界影响力最大的三国遗迹博物馆。
>
> 2. 1961 年，国务院公布其为全国第一批重点文物保护单位；1984 年，成立成都武侯祠博物馆。2008 年，它被评为国家一级博物馆，享有"三国圣地"之美誉，现为国家 4A 级旅游景区。
>
> 3. 成都武侯祠是中国唯一一座君臣合祀祠庙，也是极负盛名的刘备、诸葛亮及蜀汉英雄纪念地。
>
> 4. 武侯祠博物馆现分文物区、园林区和锦里三部分，面积约 15 万平方米。根据新的规划设计，武侯祠又分为三国历史遗迹区、三国文化体验区、锦里民俗区三大板块。

完成的导游词作品如下。

尊敬的游客，大家好，欢迎来到三国圣地——君臣合祀的成都武侯祠。我是讲解员小张，今天将由我带领大家参观游览。我们今天将从大门开始，依次游览三绝碑、刘备殿、诸葛亮殿、三义庙、惠陵等景点。现在我们刚好到了大门内的游览示意图前了，在这里请允许我给大家简单介绍一下武侯祠的基本情况。

成都武侯祠位于成都市区南面，占地约 15 万平方米。从杜甫《蜀相》诗里的描写——"丞相祠堂何处寻，锦官城外柏森森"，我们可以了解到其大概位置。武侯祠是中国唯一一座君臣合祀祠庙，也是极负盛名的刘备、诸葛亮及蜀汉英雄纪念地和全世界影响力最大的三国遗迹博物馆。1961 年，国务院公布其为全国第一批重点文物保护单位；1984 年，成立成都武侯祠博物馆。2008 年，它被评为国家一级博物馆，享有"三国圣地"之美誉，现为国家 4A 级旅游景区。

如游览示意图所示，武侯祠博物馆分文物区、园林区和锦里三部分。根据新的规划设计，武侯祠又分为三国历史遗迹区、三国文化体验区、锦里民俗区三大板块。

★ 活动三　讨论与评价

【大讨论】

1. 如何巧妙地处理零散素材，以写出优秀的导游词？

2. 你是如何利用零散素材创作导游词的？

【任务评价】

评价项目	自我评定	小组评定	教师评定
简述零散素材的处理方法（40分）			
运用零散素材完成导游词创作（60分）			
总评（等级评定）			
等级评定：优（90分及以上）良（80—89分）中（70—79分）合格（60—69分）不合格（60分以下）			

【实训心得】

_____

_____

_____

_____

_____

模块二　欢迎词与欢送词写作实训

模块目标

素养目标：

★ 能坚定理想信念，传承中华优秀传统文化，自觉树立和践行社会主义核心价值观

★ 提高旅游服务意识，能够诚实守信，以礼待人

★ 培养职业能力，提高综合素质

知识目标：

★ 了解欢迎词与欢送词的概念

★ 熟悉欢迎词与欢送词的基本特征

★ 掌握欢迎词与欢送词的写作要求

能力目标：

★ 能完成欢迎词与欢送词的写作实训

模块描述

　　欢迎词与欢送词是人们在正式场合中表达欢迎、欢送之情的发言。高质量的欢迎词与欢送词能有效拉近导游人员与游客之间的心理距离。欢迎词，是导游人员在向游客表达欢迎之意，简要介绍本地自然景物、名胜古迹和风土人情，预祝本次旅游活动圆满成功时所使用的文字材料。欢送词，亦称总结陈词，是导游人员对本次旅游活动的总结，可以加深游客对本地自然景物、名胜古迹和风土人情的印象。文字间要表达感谢和惜别之意，以及再次相聚的愿望。欢迎词在旅游活动开始之际使用，欢送词则在旅游活动快结束时使用。

模块任务

学生通过学习本模块的知识，完成以下任务。

★ 任务一：掌握欢迎词写作的基础知识，参照欢迎词范文，完成本市接机（接火车、接轮船）欢迎词写作实训，以及【任务评价】和【实训心得】的填写。

★ 任务二：掌握欢送词写作的基础知识，参照欢送词范文，完成本市送机（送火车、送轮船）欢送词写作实训，以及【任务评价】和【实训心得】的填写。

任务一　欢迎词写作实训

模块二任务一

★ 活动一　课前预习

◎ 通过报纸、杂志、网络等途径收集欢迎词范文。

◎ 想一想：作为未来的导游人员，你可以从哪些方面入手写出一篇有特色的欢迎词？

★ 活动二　知识学习

一、欢迎词的概念

欢迎词是在游客抵达景点时，导游人员向游客表达欢迎和问候的话语。好的欢迎词可以让游客感受到导游人员的热情和关注，为整个游程打下良好的基础。欢迎词应该简洁明了，富有感染力，能够让游客感受到景点的特色和亮点。

二、欢迎词的基本特征

（一）注重礼节

欢迎词中对宾客的称呼一般都使用敬语，如在姓名前加上表示尊敬或令人感到亲切的用语。

（二）情感真挚，有分寸

导游人员在致欢迎词时，要表现得真诚、亲切、热情，但也要把握好分寸。

（三）尊重宗教和风俗习惯

不同的国家、民族和地域有不同的宗教和风俗习惯。导游人员在致欢迎词时，必须提前了解游客的宗教和风俗习惯，以防触碰到对方的禁忌，引发矛盾。

三、欢迎词的写作要求

（一）用语简洁明了、严谨规范

导游人员在致欢迎词时要注意用语简洁明了、严谨规范。不使用晦涩、拗口的词汇和句子，以免让游客感到困惑。

（二）热情洋溢

导游人员是景区（点）的代言人，其迎客态度会影响游客的心情及对所到景区（点）的印象。因此，在致欢迎词时，导游人员要热情洋溢，让游客感受到自己的欢迎之情和希望竭诚为其服务的意愿。

（三）简要介绍游程与活动

为了让游客对接下来的活动有一个整体的了解，导游人员在致欢迎词时可以简要介绍本次旅游活动的路线、所要参观的景点、所住酒店、参观目的等基本信息。

（四）表达感谢和祝愿

导游人员在致欢迎词时，除了要表达对游客的感谢之情外，还要表达祝愿，如祝愿本次旅游活动圆满成功，或者祝愿游客玩得愉快等。

四、欢迎词案例分享

各位远道而来的朋友，大家好！欢迎大家来到九寨沟这个"童话世界""人间仙境"参观旅游！我们现在将从九黄机场前往九寨沟沟口，入住九寨沟大酒店，车程大约90分钟。我们的车准备出发了，请大家系好安全带，拉好扶手。现在，请允许我代表整个旅行社，对大家的到来表示热烈的欢迎！很开心能成为大家的导游，希望我能带大家玩得开心，玩得尽兴。我叫秦川，大家可以叫我小川。我身边的这位是陈师傅，他有近二十年高原驾车经验，所以大家放心，坐我们的旅游车会既安全又温馨。大家要注意保护好自己的财物，记住我们的车牌号。俗话说得好："百年修得同船渡。"今天我们是"百年修得同车行"！有缘和大家走到一起，我将始终以"宾客至上，服务第一"为宗旨，尽心尽力为各位做好服务工作，同时，也希望大家能够支持和配合我的工作，让我们共同开心、愉快地完成这次川西之行。如果在旅游期间您有什么问题或建议，请直接和我说，我会尽力为大家服务。

　　下面我为大家简单地介绍一下我们即将要参观的九寨沟。九寨沟位于四川省西北部岷山山脉南段的阿坝藏族羌族自治州九寨沟县境内，地处岷山南段弓杠岭的东北侧。九寨沟自然保护区地势南高北低，山谷深切，高低悬殊。北缘九寨沟沟口海拔仅2000米，中部峰岭均在4000米以上，南缘在4500米以上，主沟长30多千米。九寨沟是国家5A级旅游景区、世界自然遗产、国家重点风景名胜区、国家级自然保护区、国家地质公园、世界生物圈保护区，也是中国第一个以保护自然风景为主要目的的自然保护区。九寨沟是大自然之杰作。这里四周雪峰高耸，湖水清澈艳丽，飞瀑多姿多彩，急流汹涌澎湃，历来被当地藏族同胞视为"神山圣水"。蓝蓝的天空，明媚的阳光，清新的空气和点缀其间的古老村寨、栈桥、磨坊，组成了一幅内涵丰富、和谐统一的优美画卷。九寨沟景区享誉中外，东方人称之为"人间仙境"，西方人则将之誉为"童话世界"。

　　在此衷心祝愿大家本次九寨沟之行能收获满满，并预祝大家接下来的游程平安顺利，开心愉快。谢谢大家！

五、欢迎词的写作实训

　　请按所给信息和素材，完成一篇不少于400字的成都接机欢迎词。

> 　　1. 成都有两个机场，分别是四川天府国际机场和成都双流国际机场。
>
> 　　2. 成都有四个正在运行的火车站（高铁站），分别是成都火车东站、成都火车南站、成都火车西站、成都火车北站，还有一个在建的天府新区高铁枢纽站。
>
> 　　3. 拟接客人来自长三角地区。
>
> 　　4. 拟接客人为文博爱好者，可接受各类交通工具。
>
> 　　5. 拟入住酒店为成都锦江河畔的某五星级酒店，距离成都市博物馆、四川省博物馆较近，距离安仁博物馆小镇约80分钟车程。
>
> 　　6. 游客中有许多美食爱好者。
>
> 　　7. 成都致力于打造"运动休闲"之城。

★ 活动三　讨论与评价

【大讨论】

　　1. 什么样的欢迎词能够受到广大游客的喜爱？

2. 如何设计出有新意的欢迎词？

【任务评价】

评价项目	自我评定	小组评定	教师评定
简述欢迎词的写作要求（40分）			
撰写并口头展示欢迎词（60分）			
总评（等级评定）			
等级评定：优（90分及以上）良（80—89分）中（70—79分）合格（60—69分）不合格（60分以下）			

【实训心得】

_____

_____

_____

_____

_____

任务二　欢送词写作实训

模块二任务二

⭐ 活动一　课前预习

◎ 通过报纸、杂志、网络等途径收集欢送词范文。

◎ 想一想：作为未来的导游人员，你可以从哪些方面入手写出一篇有特色的欢送词？

⭐ 活动二　知识学习

一、欢送词的概念

欢送词是在游客离开景点时，导游人员向游客表示感谢和道别的话语。好的欢送词可以给游客留下美好的回忆，提升游客对导游人员的信任度和满意度。欢送词应该温馨感人，富有感情，能够让游客感受到导游人员的真诚和关爱。

二、欢送词的基本特征

（一）感情真挚

欢送词要感情真挚，情绪饱满，起到烘托气氛、振奋人心的作用。

（二）简短精练

欢送词要简短精练，通常只需说三五分钟的时间。

三、欢送词的写作要求

（一）表示感谢

欢送词要有表示感谢的语言，如感谢游客的到来和对自己工作的支持，感谢组团社工作人员（一般是全陪）的配合和付出等。

（二）简要总结本次旅游活动

导游人员在致欢送词的时候，要对本次旅游活动进行总结，通过回顾旅游活动中的点点滴滴，来唤起游客的愉悦体验，让游客感受到本次旅游活动的价值和意义。

（三）表示祝愿

导游人员在致欢送词时，要适时表达依依不舍之情，以及对游客的祝愿，如祝愿游客身体健康、工作顺利、前程似锦、万事如意等。

（四）再次表达感谢并做出邀请

在欢送词的结尾处，导游人员要再次表达感谢之情，并向游客做出邀请，期待他们再来游玩。

四、欢送词案例分享

三星耀光彩，古蜀有先贤；悠悠巴蜀大地，熊猫憨态浑圆；历史的变迁给天府之国留下了宝贵的文化遗产，它们至今都还迷醉着众多来川旅游者的双眼。八天的相伴，今天就要分别。虽然舍不得，但是不得不说再见了。感谢大家几天来对我工作的支持和帮助。带团近十年，我自问是一个有责任心的人，但是在这次带团过程中，我感觉自己有很多地方做得不到位。可大家不但理解我，而且十分支持我的工作。也许我不算最好的导游，但是大家却是我遇见的最好的客人。能和你们一起在巴山蜀水度过这难忘的八天，是我导游生涯中最大的收获。能给你们做导游，是我的幸运。

八天来，我们一起看了天府国际机场的神鸟起飞，也共同穿越了成都一山两翼的龙泉山隧道，一起见证过夕阳下的锦江渔帆点点，也一起领略过大熊猫的憨态可掬；忘不了教大家吃火锅要背"七上八下"的口诀，也忘不了一起为面具后面的川剧表演大师大声喝彩。大家出来旅游，收获的是开心和快乐，而我作为导游带团，收获的则是友情和回忆。我想这次我们都可以说是收获颇丰。也许在大家登上飞机后，我们很难再有见面的机会，不过我希望大家在回去以后和自己的亲朋好友说起天府之行的时候，除了描述贡嘎雪山如何雄伟壮丽，九寨、黄龙如何瑰奇秀丽之外，不要忘了加上一句"在成都有一个导游小秦，那是我四川的好朋友"。 最后，再次感谢大家对我工作的支持，预祝大家旅途愉快。待到明年春天，川西平原遍地油菜花的时候，期待大家再来成都会会您的朋友，吃吃成都平原春天的院坝乡村火锅。谢谢大家！

五、欢送词的写作实训

请按所给信息和素材，完成一篇不少于 400 字的成都送机欢送词。

> 1.成都有两个机场，分别是四川天府国际机场和成都双流国际机场。
>
> 2.成都有四个正在运行的火车站（高铁站），分别是成都火车东站、成都火车南站、成都火车西站、成都火车北站，还有一个在建的天府新区高铁枢纽站。
>
> 3.拟送客人为广深地区知名 CBD 职员，对川西民居和林盘文化、盖碗茶文化感兴趣。
>
> 4.拟送客人怕吃辣，却都购买了川味火锅底料，喜欢 DIY 涮锅。
>
> 5.多数游客有自驾川西高原的愿望。

★ 活动三　讨论与评价

【大讨论】

1. 什么样的欢送词能够受到广大游客的喜爱？
2. 如何设计出有新意的欢送词？

【任务评价】

评价项目	自我评定	小组评定	教师评定
简述欢送词的写作要求（40 分）			
撰写并口头展示欢送词（60 分）			
总评（等级评定）			
等级评定：优（90 分及以上）良（80—89 分）中（70—79 分）合格（60—69 分）不合格（60 分以下）			

【实训心得】

_____

_____

_____

_____

_____

模块三　人文景观导游词写作实训

模块目标

素养目标：

★ 能坚定理想信念，传承中华优秀传统文化，自觉树立和践行社会主义核心价值观

★ 提高旅游服务意识，能够诚实守信，以礼待人

★ 培养职业能力，提高综合素质

知识目标：

★ 了解人文景观的概念

★ 熟悉人文景观的类型

★ 掌握人文景观导游词的写作要求

能力目标：

★ 能完成不同类型人文景观导游词的写作实训

模块描述

　　人文景观，是自然景观与人类历史文化的交汇点，是时间的烙印，是历史的见证。当我们穿梭于一座小城间，行走在一片土地上时，我们感受到的不仅是自然的壮丽，还有历史的深沉。历史人物，或许已经远去，但他们的足迹、他们的故事，都留在了这片土地上，成为人文景观的一部分。

　　要创作优秀的人文景观导游词，我们不仅要描述人文景观的美，还要挖掘其背后的故事。我们需要深入研究每一处人文景观的历史背景、文化内涵，将其与相关历史人物结合起来，为游客呈现一道立体、生动的景观。例如，当我们介绍一座古老的寺庙时，除了描述其建筑风格、艺术特色外，还要讲述与之相关的历史人物。游客在游览人文景观时，仅仅通过听讲解，可能只能获得一些表面的知识。因此，在撰写这类导游词的时候，我们可以设计一些互动环节，从而让游客更加

深入地参与到对人文景观的探索中。例如，我们可以邀请游客讲述他们对某个历史人物的理解，或者组织一些小型游戏，让他们在游戏中了解和体验人文景观的魅力。通过这样的方式，游客在旅行中不仅能看到风景，而且能感受到历史的厚重，还能体验到与历史人物的共鸣。

模块任务

学生通过学习本模块的知识，完成以下任务。

★ 任务一：掌握人文景观导游词写作的基础知识，完成【任务评价】和【实训心得】的填写。

★ 任务二：掌握人文景观导游词的写作要求，参照人文景观导游词的范文，完成不同类型人文景观导游词写作实训，以及【任务评价】和【实训心得】的填写。

任务一 掌握人文景观导游词写作的基础知识

模块三任务一

★ 活动一 课前预习

◎ 通过报纸、杂志、网络等途径收集关于人文景观导游词写作的相关资料。

◎ 想一想：作为未来的导游人员，你可以从哪些方面入手写出一篇有特色的人文景观导游词？

★ 活动二 知识学习

一、人文景观的概念

人文景观是指人类生产、生活所留下的具有观赏价值的艺术成就和文化结晶，是人类对自身发展过程的科学的、历史的、艺术的概括。它是一个国家、一个民族长期形成的文化观念、特征、风格等在旅游资源上的集中体现，是具有鲜明文化特征的，比较集中地体现艺术美、生活美和社会美的欣赏对象。

二、人文景观的类型

人文景观可以分为遗址遗迹类、建筑与民居类、陵墓类、园林类、文化艺术类、娱乐休闲类等。

（一）遗址遗迹类

包括古人类遗址、古战场、古城、古冶窑、石窟、碑碣、壁画、造像、名人故居等。

（二）建筑与民居类

包括宗教建筑、工程建筑、亭台楼阁、厅堂、舫榭廊、城镇、村落等。

（三）陵墓类

包括帝王陵墓、纪念性陵墓、风俗性陵墓等。

（四）园林类

包括帝王苑囿、私家园林、文化公园、植物园、动物园等。

（五）文化艺术类

包括博物馆、文学艺术、音乐舞蹈等。

（六）娱乐休闲类

包括游乐园、主题公园等。

★ 活动三　讨论与评价

【大讨论】

1. 人文景观的特征是什么？

2. 撰写人文景观导游词时一般要考虑哪些因素？

【任务评价】

评价项目	自我评定	小组评定	教师评定
简述人文景观的概念（40分）			
简述人文景观的类型（60分）			
总评（等级评定）			
等级评定：优（90分及以上）良（80—89分）中（70—79分）合格（60—69分）不合格（60分以下）			

【实训心得】

_____

_____

_____

_____

_____

任务二　不同类型人文景观导游词写作实训

★ 活动一　课前预习

◎ 通过报纸、杂志、网络等途径收集不同类型人文景观导游词的范文。

◎ 想一想：作为未来的导游人员，你可以从哪些方面着手写一篇有特色的人文景观导游词？

★ 活动二　知识学习

一、人文景观导游词的写作要求

（一）包含大量的知识

人文景观导游词中须包含大量的知识。导游人员在介绍人文景观时应给游客传递一些与被游览客体相关的知识，使游客在游览过程中有所得。需要注意的是，导游人员所传递的知识要严谨、准确、适量，既要能激发游客的兴趣，又不能使其感到有负担，最好是能让游客在轻松愉快的氛围中学到一些知识。

（二）内容准确，思路清晰

导游人员在介绍人文景观时要把握两个要点。第一，对历史背景、人物生活年代、事件过程等内容的讲解要确凿无误。第二，讲解时要遵循引发、融入、指点的基本思路，引导游客感受、欣赏。

（三）本体阐释与相关征引相结合

本体阐释就是对被游览客体所蕴含的知识进行必要的、得体的阐释。在阐释时，导游人员要简明扼要，点到为止，使游客在观赏的同时自然而然地了解、掌握相关知识。相关征引是指适当援引与被游览客体相关的史料、典故、诗文、民间传说等，使讲解内容更加广博，更有说服力。

二、人文景观导游词案例分享

各位游客朋友，早上好！欢迎来到杜甫草堂游览。杜甫草堂，又称少陵草堂，位于成都市浣花溪畔，是我国唐代诗人杜甫流寓成都时的居所，内有大廨、诗史堂、工部祠等建筑和杜甫雕像。园林内梅树成林，堂外溪水萦回，幽深雅致。杜甫草堂博物馆内陈列着杜甫行踪遗迹图片及国内外杜诗版本等资料，为全国重点文物保护单位。下面我先给大家简单介绍一下今天的游览路线。我们由正门进入，经大廨、诗史堂、柴门、工部祠，最后到达茅屋景区。整个行程大约需要90分钟。请大家记好我们的车牌号，4点的时候我们在停车场集合。现在请大家带好随身物品随我进馆内参观。参观时请各位爱护馆内环境，不要大声喧哗。

正门外，一座青砖照壁作为前导，含蓄典雅。五重主体建筑——正门、大廨、诗史堂、柴门与工部祠均排列在一条中轴线上。

正门匾额上的"草堂"二字，是从碑亭中"少陵草堂"的石碑上拓印镌刻而成的。两侧的楹联"万里桥西宅，百花潭北庄"，出自杜诗《怀锦水居止其二》。这副楹联，点明了杜甫草堂当年的地理位置，即万里桥的西面、百花潭的北面。

大廨是中轴线上的第二重建筑，"廨"是官署的意思，指古代官员的办公室。宽敞的"大廨"当然不是杜甫的大办公室，这座建筑在清代嘉庆年间被修缮时被命名为"大廨"，这源自封建社会"官本位"的思想。

杜甫一生所创作的诗篇流传至今的有1400多首。他的这些诗歌真实而生动地展示了"安史之乱"前后唐朝社会的生活，反映了唐王朝由盛转衰的历史，涉及社会动荡、政治黑暗、人民疾苦等内容。因此，杜甫的诗也被后世称为"诗史"。中轴线上的第三重建筑"诗史堂"，就是因此而得名的。

柴门是中轴线上的第四重建筑。匾额上的"柴门"二字，是由我国现代国画大师潘天寿先生所题的。《野老》一诗中曾有"野老篱前江岸回，柴门不正逐江开"的诗句，杜甫称自家的院门为柴门。明代弘治十三年（公元1500年）重建草堂时，人们称之为"浣花深处"。清代嘉庆十六年（公元 1811 年）重建草堂时，人们称之为"药栏花径"。20 世纪 60 年代，取《野老》原句，人们称之为"柴门"。

工部祠是中轴线上的最后一重建筑。匾额上的"工部祠"三个字，是由我国现代著名文学家叶圣陶先生所题的。"工部"为古代三省六部制中的六部之一，掌管营造工程之事。杜甫在成都的时候，曾任检校工部员外郎一职，所以后世多以"杜工部"尊称杜甫，因此纪念他的祠堂被称作"工部祠"。

位于工部祠东面的"少陵草堂"碑亭是杜甫草堂最具代表性的景点。亭中石碑高约 175 厘米，宽约 80 厘米，碑头上绘有双龙戏珠纹饰，碑身上端及左右两边均有龙纹图案。

由碑亭向北，经过一座木桥，我们就来到了茅屋景区。公元 759 年，杜甫为避"安史之乱"，举家南迁，来到了当时远离战火的成都，在一个叫草堂寺的地方筑起了茅屋。杜甫举家南迁时，生活相当艰难。《江村》中的诗句"但有故人供禄米，微躯此外更何求？"，说明草堂的修建是靠朋友资助的。杜甫字子美，自称少陵野老，所以茅屋也被称作"少陵草堂"。杜甫在这里生活了近 4 年，创作诗歌 200 余首，这段时间可谓杜甫诗歌创作生涯的辉煌时期。杜甫一生怀才不遇，但他在寓居成都草堂的这段时间里，生活比较安定，创作的诗歌大多具有田园风味。现在我们所看见的茅屋，是依据杜甫诗歌中的描写及明代草堂的格局重建的，溪水环抱，绿树成荫，芳草青青，很有一种返璞归真的意境。但杜甫毕竟是一位有远大抱负的人，忧国忧民的诗歌，仍是他创作的重要组成部分，其中尤以《茅屋为秋风所破歌》感人至深，堪称不朽之作。"安得广厦千万间，大庇天下寒士俱欢颜。风雨不动安如山！……吾庐独破受冻死亦足！"茅屋在风雨中飘摇，杜甫写下了这首脍炙人口的诗篇。他希望普天下的穷苦人家都能住进宽敞的大房子，哪怕当下自己受冻死去也行。由此可见杜甫深爱苍生、悲悯度人间的伟大风骨，不愧被誉为"诗圣"。杜甫在成都的诗歌创作给我们留下了宝贵的文学财富，所以世人把杜甫草堂视为中国文学史上的一块圣地。

朋友们，如果说武侯祠是用来纪念英雄豪杰的殿堂，那么杜甫草堂就是纪念一个客居成都多年的诗人的厅堂，所以您在游览时可尽情地去想象诗人的生活场景、身世经历以及诗人那些美妙无比的诗篇。

好了朋友们，接下来我们将前往草堂遗址发掘区继续游览。

三、人文景观导游词的写作实训

请从人文景观中任选一类，根据人文景观导游词的写作要求，参考范文并结合自己的所见所闻，写一篇不少于 600 字的人文景观导游词。

⭐ 活动三　讨论与评价

【大讨论】

1. 人文景观导游词的讲解要点是什么？

2. 撰写人文景观导游词时有哪些注意事项？

【任务评价】

评价项目	自我评定	小组评定	教师评定
简述人文景观导游词的写作要求（40分）			
撰写一篇人文景观导游词并口头展示（60分）			
总评（等级评定）			
等级评定：优（90分及以上）良（80—89分）中（70—79分）合格（60—69分）不合格（60分以下）			

【实训心得】

_____

_____

_____

_____

_____

模块四 自然景观导游词写作实训

模块目标

素养目标：

★ 能坚定理想信念，传承中华优秀传统文化，自觉树立和践行社会主义核心价值观

★ 提高旅游服务意识，能够诚实守信，以礼待人

★ 培养职业能力，提高综合素质

知识目标：

★ 了解自然景观的概念和特点

★ 熟悉自然景观的类型

★ 掌握自然景观导游词的写作技巧和写作要求

能力目标：

★ 能完成不同类型自然景观导游词的写作实训

模块描述

　　本模块旨在帮助导游人员深入了解自然景观的特点及自然景观导游词的写作技巧和写作要求，提高导游人员的写作水平和讲解水平。在自然景观导游词写作中，我们不仅要描写景色的壮丽，还要挖掘其演变历史，以及与之相关的传奇故事，从而在为游客提供精彩讲解的同时，提升其对自然景观的认知能力，培养其对自然景观的敬畏之情和保护意识。

模块任务

学生通过学习本模块的知识，完成以下任务。

★ 任务一：掌握自然景观导游词写作的基础知识，完成【任务评价】和【实训心得】

的填写。

　　★ 任务二：掌握自然景观的类型和自然景观导游词的写作要求，参照自然景观导游词的范文，完成不同类型自然景观导游词写作实训，以及【任务评价】和【实训心得】的填写。

任务一　掌握自然景观导游词写作的基础知识

★ 活动一　课前预习

◎ 通过报纸、杂志、网络等途径收集关于自然景观导游词写作的相关资料。

◎ 想一想：作为未来的导游人员，你可以从哪些方面入手写出一篇有特色的自然景观导游词？

★ 活动二　知识学习

一、自然景观的概念

　　自然景观是指未受到或很少受到人类活动干扰的原始景观，可以提供物质生产、旅游休闲、生物多样性保护等多种生态服务，同时也可作为受损或退化景观生态恢复的目标，具有重要的研究和保护价值。完全未受到人类干扰的景观基本不存在，所以受到人类间接、轻微或偶尔影响而原有自然面貌未发生明显变化的景观也属于自然景观。

二、自然景观的特点

　　自然景观的特点包括视觉景观自然性、形成机制自然性、景观过程自然性和自我维持机制。

　　（一）视觉景观自然性

　　视觉景观自然性是指自然景观看起来没有明显的人工痕迹，如极地、高山、荒漠、沼泽、草原和热带雨林等。

　　（二）形成机制自然性

　　形成机制自然性是指自然景观的外貌特征由自然因素驱动形成，如地质变迁、水文过程和生物演替，形成过程中没有或少有人为影响。

（三）景观过程自然性

景观过程自然性是指自然景观内部的物质和能量过程由自然力量驱动，如生物地球化学过程，没有或少有人为参与或影响。

（四）自我维持机制

自我维持机制是指在无人干扰或无大型灾害发生的情况下，自然景观能够自我维持，较长时间保持视觉和过程特征。

三、自然景观导游词的写作技巧

自然景观，是大自然历经亿万年岁月的洗礼，为我们呈现出的绝美景色。无论是崇山峻岭、飞瀑流泉，还是奇花异草、丹柯碧树，都散发着大自然的独特魅力。自然景观导游词的写作技巧如下。

第一，自然景观常被称为旅游的第一环境，是激发人类旅游欲望的最早的也是最持久的因素，因此自然景观导游词要能带给游客美的享受。导游人员在撰写自然景观导游词时要用生动形象的语言写景状物，把被游览客体的特征形象地描述出来，可以使用排比、对偶、引用、比喻、比拟等多种修辞手法，使导游词节奏明快、气势磅礴、情感热烈，使景物的美感自然地溢出。

第二，衍释发挥，即对自然景物进行因物象形或者聚拢相关文化因素的延展性解说。文化因素多为蕴含在自然景观中的神话传说、民间故事、历史掌故等。衍释发挥的目的在于通过讲故事突出自然景观的亲和力和感染力。

⭐ 活动三　讨论与评价

【大讨论】

1. 令你印象深刻的自然景观有哪些？

2. 撰写自然景观导游词时的注意事项有哪些？

【任务评价】

评价项目	自我评定	小组评定	教师评定
简述自然景观的概念和特点（40分）			
简述自然景观导游词的写作技巧（60分）			
总评（等级评定）			
等级评定：优（90分及以上）良（80—89分）中（70—79分）合格（60—69分）不合格（60分以下）			

【实训心得】

_____

_____

_____

_____

_____

任务二　不同类型自然景观导游词写作实训

模块四任务二

⭐ 活动一　课前预习

◎ 通过报纸、杂志、网络等途径收集不同类型自然景观导游词的范文。

◎ 想一想：作为未来的导游人员，你可以从哪些方面着手写一篇有特色的自然景观导游词？

⭐ 活动二　知识学习

一、自然景观的类型

自然景观分为地文景观、水文景观、生物景观、天象景观四大类。

地文景观包括山地（如峨眉山、长白山、泰山、华山）、沙漠（如塔克拉玛干沙漠）、峡谷（如雅鲁藏布大峡谷、怒江大峡谷）、丹霞地貌（如丹霞山、武夷山）、喀斯特地貌（如荔波喀斯特、丰都雪玉洞、桂林山水）、火山地貌（如五大连池火山群、靖宇火山矿泉群）、地质遗迹（如房山地质遗迹、自贡恐龙遗迹）。

水文景观包括江河（如长江、黄河、鸭绿江）、湖泊（如九寨沟、洞庭湖、洪泽湖）、瀑布（如黄果树瀑布、黄河壶口瀑布、九寨沟诺日朗瀑布）、沼泽湿地（如羌塘湿地、三江平原湿地、黄河三角洲）。

生物景观包括森林（如长白山红松阔叶混交林、白马雪山高山杜鹃林、大兴安岭兴安落叶松林、西双版纳热带雨林）、草原草甸（如呼伦贝尔草原、锡林郭勒草原、祁连山草原、伊犁草原）、珍稀动物及栖息地（如大熊猫——秦岭、金丝猴——梵净山、藏羚羊——三江源、东北虎豹——老爷岭）。

天象景观包括云雾景观（如黄山云海、庐山瀑布云）和日月星光（如泰山日出、峨眉山佛光、大兴安岭极光、塔克拉玛干沙漠星空）。

二、自然景观导游词的写作要求

（一）语言要生动

描述自然景观的语言要生动、形象，有感染力，能够激发游客的兴趣和情感上的共鸣。导游人员可以适当运用修辞手法，如比喻、拟人等，以增强语言的表达效果，同时要注意自然景观的地域特点和历史文化背景，以便更好地呈现其独特魅力。

（二）层次要分明

在介绍自然景观时，导游人员可以先做总体介绍，再分景点进行详细解说。导游人员要重点讲解每个自然景观的特色和亮点，以便游客更好地领略景观的魅力，加深对景观的印象；同时要注意讲解的逻辑顺序，以便游客更好地理解和记忆。

（三）文化内涵要丰富

自然景观不仅体现自然美，还蕴含着丰富的文化内涵。在撰写导游词时，导游人员要注意挖掘自然景观的文化内涵，比如穿插一些神话传说、历史故事等，以增加自然景观的人文价值，提升导游词的趣味性。

（四）信息要完整、准确，有权威性

导游词中所提供的信息不仅要完整，包括景观的名称、位置、特色、历史，还要准确，有权威性，以便游客更好地了解和掌握景观的实际情况。

三、自然景观导游词案例分享

各位游客大家好，欢迎来到西岭雪山旅游。我是今天的讲解员小张，今天由我带大家

游览西岭雪山。

西岭雪山位于四川省成都市大邑县境内，占地面积约 483.5 平方千米，最高峰苗基岭海拔 5364 米，终年积雪不化，矗立天际，十分壮丽。唐代诗人杜甫寓居成都时曾游览于此，写有"窗含西岭千秋雪"的绝句，西岭雪山因此得名。景区植被覆盖率达 85%，原始森林约 268 平方千米，植物 3000 多种，动物 300 余种，有日照金山、阴阳奇观、凤尾瀑、五彩瀑等胜景，为国家级风景名胜区。西岭雪山属立体温度带，四季可游，春天山花烂漫、杜鹃成林，夏天瀑布成群，秋天满山红叶，冬天雪景迷人，是成都近郊不可多得的集休闲、度假、避暑、登山、游雪于一体的大型旅游区。

在这里大家可以体会到，南国冰雪，虽然没有北方的严寒，却完全具有北国的风光。你看，这遍地白雪与丛林山地谱成一曲冬季恋歌，融浸浪漫的南国雪韵。以西岭雪山为代表的南国冰雪游是一条特色精品旅游线。由于地势及地质原因，成都的山地积雪期从头年 12 月持续到次年 3 月，最低气温可达零下 10° C。这里是南国冰雪节的主会场。不同的山体垂直高度形成了不同的景观，如冰挂、雪松、冰瀑等，独具韵味。

各位游客，现在我们已经来到了西岭雪山滑雪场。这里的积雪厚度为 30～80 厘米，雪质优良。滑雪场有顶级的地下管网造雪系统和十多台移动造雪机器，还建造了 7 条国际标准滑雪道，同时配置了 2500 多套世界名牌滑雪器具，可同时容纳 2000 人。为了保证游客的游玩体验，滑雪场配备了雪地摩托、蛇形滑雪车、雪上飞碟、雪上滑车等设施，还建成了国内唯一的大型雪上游乐园。

滑雪是一项非常惬意而又刺激的运动。我们不仅要穿专门的滑雪服装，使用专业的滑雪器材，还要掌握比较娴熟的滑雪技术。在请专业教练教大家滑雪之前，请各位游客牢记"滑雪者宣言"：

> 滑雪时，不要超出你的能力范围；不要滑行过快，除非这样做时你能确保安全；注意周边的滑雪者状态，尤其是在拥堵的滑雪道上；滑雪时要特别小心，滑累了，请一定停下来休息；不要抢道滑行；严禁在滑雪过程中追逐、打闹。大家记住了吗？那现在我们开始行动，尽情享受滑雪的乐趣吧！

四、自然景观导游词的写作实训

在四大类自然景观中任选一类，根据自然景观导游词的写作技巧和写作要求，参考范文并结合自己的所见所闻，写一篇不少于 600 字的自然景观导游词。

★ 活动三　讨论与评价

【大讨论】

1. 一篇优秀的自然景观导游词有什么特点？

2. 如何写好一篇自然景观导游词？

【任务评价】

评价项目	自我评定	小组评定	教师评定
简述自然景观的类型（40分）			
撰写一篇自然景观导游词并口头展示（60分）			
总评（等级评定）			
等级评定：优（90分及以上）良（80—89分）中（70—79分）合格（60—69分）不合格（60分以下）			

【实训心得】

_____

_____

_____

_____

_____

模块五　地方文化导游词写作实训

　　地方文化，是一个地区在长期的历史发展过程中形成的独特的生活方式、风俗习惯、建筑风格等物质与非物质文化遗产的总和。在地方文化导游词写作实训中，我们需要深入挖掘这些文化的内涵，将其与当地的历史人物、风土人情相结合，为游客呈现出一个鲜活的、立体的文化景观。每一个地方的文化背后都有一段历史，有一个或多个历史人物的故事。在撰写地方文化导游词时，穿插一些当地的风土人情、人物故事，不仅能够丰富游客的认知，还能优化他们的游览体验，唤起游客参与互动的积极性。导游人员还可以让游客参与当地的文化艺术表演、手工艺品制作等，使其亲身体验当地文化的魅力。

模块任务

学生通过学习本模块的知识，完成以下任务。

★ 任务一：掌握地方文化导游词写作的基础知识，完成【任务评价】和【实训心得】的填写。

★ 任务二：掌握地方文化的分类和撰写地方文化导游词时的侧重点，参照地方文化导游词的范文，完成不同类型地方文化导游词写作实训，以及【任务评价】和【实训心得】的填写。

任务一　掌握地方文化导游词写作的基础知识

模块五任务一

★ 活动一　课前预习

◎ 通过报纸、杂志、网络等途径收集关于地方文化的相关资料。

◎ 想一想：作为未来的导游人员，你可以从哪些方面入手写出一篇有特色的地方文化导游词？

★ 活动二　知识学习

一、地方文化的概念

地方文化，又称地域文化，是指形成、积累、传承于特定聚居区域并具有显著地域性特征的物质文化和精神文化（主要指宗教信仰、语言文字、文学艺术、思想意识、风俗习惯等）。我国历史悠久，幅员辽阔，各地自然条件千差万别，经济社会发展程度也不相同。受历史、地理等因素的影响，各地区的文化带有明显的区域特征，如关东文化、燕赵文化、中原文化等。一种地域文化的确立取决于它相对于文化整体的共同性和与各文化单元比较起来的差异性。基于生态的人地关系，河流、气候、地形、植被、物产等自然地理因素，通过对生存方式和风俗习惯的塑造，影响了某一地区的文化状况，为当地文化的内容和形式打上特定的烙印。

二、地方文化的特点

第一，传承性。在代代相传的过程中，地方文化不断发展壮大。

第二，融合性。任何事物都不是孤立存在的，地方文化在发展过程中也会受到周边文化的影响，并逐渐与其融合发展。

第三，象征性。地方文化所蕴含的意义远比地方文化现象所直接表现出来的宽广、深刻得多。

三、地方文化导游词的写作步骤

地方文化导游词的写作步骤如下。

第一，先介绍概况，如地理区位、地方历史、民风民俗、风物特产等，为后文的详细讲解做铺垫；然后就此内容与游客进行互动，激发游客对当地文化的兴趣。

第二，详细讲解地方历史、民风民俗、风物特产等内容，加深游客对当地文化的了解。在讲解过程中，导游人员应多使用口语，多与游客互动，避免将导游词变为演讲稿；多使用修辞手法，比如使用排比句增强语言的韵律美，使用比喻增强语言的活力；多引用案例，提高导游讲解的趣味性，拉近与游客的心理距离。

第三，对所讲内容进行总结，进一步提升游客对当地文化的认识。

★ 活动三　讨论与评价

【大讨论】

1. 你所在地区的文化有哪些特色？

2. 撰写地方文化导游词时可以从哪些角度入手？

【任务评价】

评价项目	自我评定	小组评定	教师评定
简述地方文化的概念和特点（40分）			
简述地方文化导游词的写作步骤（60分）			
总评（等级评定）			
等级评定：优（90分及以上）良（80—89分）中（70—79分）合格（60—69分）不合格（60分以下）			

【实训心得】

_____

_____

_____

_____

_____

_____

任务二　不同类型地方文化导游词写作实训

★ 活动一　课前预习

◎ 通过报纸、杂志、网络等途径收集不同类型地方文化导游词的范文。

◎ 想一想：撰写地方文化导游词时有哪些注意事项？

★ 活动二　知识学习

一、地方文化的分类

我国地域辽阔，文化纷呈，不同的文化区会孕育出不同的艺术气质和地域风格。文化区是文化地理学研究的重要对象，指有相似文化特质的地理区域。文化区有文化中心区和边缘文化区之分。文化中心区是一个文化区所共有的文化特质表现最集中的地方。某个地区的文化特质一旦产生，就会呈放射状向边缘区传播。文化区也被称为文化圈，主要包括一个地区的政治形态、生活方式、语言、宗教、房屋建筑、风俗习惯等。文化区显示一个地区的文化特征。根据我国历史文化旅游资源的地理分布和地域特征，我国的文化区主要有关东文化、燕赵文化、中原文化、巴蜀文化、齐鲁文化等。我国是一个历史文明古国，拥有灿烂而悠久的历史文化，这种旅游资源的旅游价值颇高。

二、撰写地方文化导游词时的侧重点

在撰写地方文化导游词之前，我们不仅要深入了解当地的风土人情，还要研究当地的历史背景和文化传承，以保证写出高质量的导游词。下面我们以关东文化、燕赵文化等为

例简述在撰写导游词时的侧重点。

第一，关东文化，是指明清以来在东北地区所形成的区域文化。在介绍关东文化时，可重点介绍沈阳故宫——清太祖努尔哈赤和清太宗皇太极创建的皇宫、北大荒版画、二人转以及东北大秧歌。

第二，燕赵文化，是在战国时期燕国和赵国区域内产生的一种区域文化，燕文化以燕太子丹策划的"荆轲刺秦王"为主要标志，赵文化以赵武灵王的"胡服骑射"为代表。燕赵文化是一种平原文化、农耕文化，是一种以汉民族为主体的文化。在介绍燕赵文化时，可重点强调燕赵文化的精神特质，即革新精神、和乐精神、包容精神、求是精神、忧患精神、创新精神。

第三，中原文化，以河南省为核心，以广大的黄河中下游地区为腹地，逐层向外辐射，影响延及海外。中原地区是中华文明的摇篮，中原文化是中华文明的源头和主干，中原地区形成了由裴李岗文化、仰韶文化、河南龙山文化等构成的最为完整的史前文化谱系。中原拥有殷墟、龙门石窟等世界文化遗产和皮影戏、太极拳、汴绣、豫剧等非物质文化遗产，它们是中华文明的亮丽名片。这些都可以作为导游讲解时的重点内容。

第四，巴蜀文化，是西南地区古代巴、蜀两族先民留下的物质文化，主要分布在四川省境内。三星堆遗址器物埋藏坑和金沙遗址的考古发掘，为探索古蜀文明提供了重要材料。巴蜀文化很早就受到黄河流域文化的影响，又影响了西南部一些少数民族的文化，是沟通古代黄河流域文化与西南边疆文化的桥梁。在进行导游讲解时，重要的考古发现能引起游客的兴趣，可作为讲解的重点。

第五，齐鲁文化，是齐文化和鲁文化的合称。齐文化和鲁文化是分别产生在齐地和鲁地的文化形态。由于地域相邻，齐文化和鲁文化在各自的发展道路上相互碰撞融合。齐鲁文化指的是齐人和鲁人在各自的社会历史实践过程中所创造出来的物质财富和精神财富的总和。齐鲁是今山东省的代称，广义的齐鲁文化泛指山东地域文化。齐鲁文化的核心——儒学产生于鲁国。近代以来，齐鲁文化在时代转型中进一步提升，并与中国革命和现代化建设相结合，产生了沂蒙精神。沂蒙精神是齐鲁文化的优良传统在新时代的具体体现，为丰富我国当代文化精神、提升人民的文化自信做出了巨大贡献。

三、地方文化导游词案例分享

各位朋友大家好，欢迎大家来到成都旅游。各位现在所在的位置就是成都市，它是四川省省会、中国历史文化名城、首批中国优秀旅游城市、国家卫生城市、国家"双拥"模范城。成都一直重视城市建设和生态保护，荣获"联合国人居奖"。平均海拔 500 米左右，境内兼有山景、平原和丘陵之美，且气候温和，雨水充沛，年平均气温 16℃左右，素有"冬无严寒，夏无酷暑"之誉，加以土地肥沃，水利先进，物产十分富饶，历来被称为"水旱从人，不知饥馑"的"天府之国"。

成都是一座融古代文明与现代文明于一体的特大城市。它是稀世珍宝大熊猫的故乡，也是天府之国的中心和"窗口"。它因历史悠久、文化底蕴深厚、风景秀丽和名胜古迹众多而闻名于世。"蓉城""锦城"是成都的别名，芙蓉花、银杏树分别是成都的市花和市树。成都的名胜古迹有杜甫草堂、武侯祠、望江楼、青羊宫等。

成都市在四川省中东部，是西南地区经济、文化和交通中心之一，辖 11 区、4 县，代管都江堰、彭州、常州、邛崃、简阳 5 市，地处四川盆地西部、成都平原中部。农产品以稻、小麦、油麦籽、豆类为主，为粮油、生猪生产基地。工业有机械、电子、航空、冶金、轻化工、纺织、电力、医药等，所产量具、刃具全国有名。手工业以织锦与银丝工艺著名。为全国重要的文教科研中心。

独特的地方文化孕育独特的艺术形式。接下来我们就要欣赏四川文化的一大特色——川剧了。川剧是我国戏曲宝库中的一颗光彩照人的明珠。它历史悠久，保存了不少优秀的传统剧目、丰富的乐曲与精湛的表演艺术。"变脸""喷火""水袖"独树一帜，是人们喜闻乐见的民间艺术形式。川剧变脸是川剧表演艺术的重要组成部分，是历代川剧艺人共同创造并传承下来的民间艺术瑰宝。川剧变脸主要用于表现剧中人物的内心活动，以怪诞狰狞的面相变化表现出人物内心的不可名状的活动。作为一种表现人物内心活动的独特手法，川剧变脸大大增加了川剧本身的表现力。可能很多人在电视上见过，今天，我们可以在现场看到变脸演员的表演。您一定会为之一振的。一会儿表演开始后，大家可以看到，表演者配合着音乐，展示着手、眼、身、法、步，用戏曲的身段和绝妙的技巧在舞台上一次次变换脸谱。请大家拭目以待吧。

好了，表演马上开始，请大家尽情欣赏吧，谢谢大家。

四、地方文化导游词的写作实训

任选一个地方，根据地方文化导游词的写作步骤和侧重点，参考范文并结合自己的所见所闻，写一篇不少于 600 字的地方文化导游词。

★ 活动三　讨论与评价

【大讨论】

1. 在介绍地方文化的特色时，如何更好地激发游客的兴趣？

2. 地方文化导游词中应该包含哪些重要元素？

【任务评价】

评价项目	自我评定	小组评定	教师评定
任选一种地方文化并简述其特色（40分）			
撰写一篇地方文化导游词并口头展示（60分）			
总评（等级评定）			
等级评定：优（90分及以上）良（80—89分）中（70—79分）合格（60—69分）不合格（60分以下）			

【实训心得】

_____

_____

_____

_____

_____

模块六　不同团型的旅游团导游词写作实训

模块目标

素养目标：

★ 能坚定理想信念，传承中华优秀传统文化，自觉树立和践行社会主义核心价值观

★ 提高旅游服务意识，能够诚实守信，以礼待人

★ 培养职业能力，提高综合素质

知识目标：

★ 了解旅游团团型的概念

★ 熟悉不同团型旅游团成员的特点

★ 掌握不同团型旅游团导游词写作注意事项

能力目标：

★ 能完成不同团型旅游团导游词的写作实训

模块描述

　　导游人员在进行导游讲解之前要考虑讲解对象的年龄、性别、职业等，然后在分析把握讲解对象的旅游动机和诉求的基础上，选择适合讲解对象特点的内容，进而创作出富有知识性和趣味性的导游词，尽量满足游客的心理需求，为游客提供有针对性的服务。

模块任务

学生通过学习本模块的知识，完成以下任务。

★ 任务一：掌握不同团型旅游团导游词写作的基础知识，完成【任务评价】和【实训心得】的填写。

★ 任务二：掌握不同团型旅游团导游词写作注意事项，参照不同团型旅游团导游词

的范文，完成不同团型旅游团导游词写作实训，以及【任务评价】和【实训心得】的填写。

任务一　掌握不同团型旅游团导游词写作的基础知识

模块六任务一

★ 活动一　课前预习

◎ 通过报纸、杂志、网络等途径收集关于不同团型旅游团的相关资料。

◎ 想一想：不同团型旅游团的成员分别有什么特点？我们应该如何提供令人满意的服务？

★ 活动二　知识学习

一、旅游团团型的概念

随着经济发展和生活水平的提高，国民旅游消费日趋常态化，人们对于旅游的需求也越来越个性化，旅游市场上也出现了各式各样的群体。近年来，很多旅行社根据年龄、职业、兴趣爱好等划分游客，使其组成不同的旅游团，以便提供更有针对性的服务。一般来说，旅游团可分为六大类，分别是研学团、教师团、亲子团、老年团、商务团、残疾人团。

二、不同团型旅游团成员的特点

1. 研学团

小学生活泼好动，兴趣广泛，情感丰富且容易外露，好奇心强，安全意识淡薄。生动、新颖的事物较容易引起他们的兴趣和关注。因此，针对他们的导游词应该浅显易懂、生动形象，最好穿插各种各样的小故事。另外，导游人员应时刻关注他们的安全。中学生已经有了一定的知识储备，他们精力旺盛，求知欲强，理解能力也比较强，正处于人生观、价值观形成的重要阶段。因此，针对他们的导游词应该信息量大，用词准确，并具有一定的思想性、逻辑性，对他们的人生观、价值观的形成要有积极的引导作用。

2. 教师团

教师的知识丰富，整体素质高，对感兴趣的事物喜欢刨根问底，并且喜欢"较真"和"教育人"。

3. 亲子团

亲子团是指家长带孩子去旅游的旅游团。亲子团的主体是儿童。他们好动，喜欢热闹，安全意识差，渴望与家人互动。家长带孩子出行的目的是增长孩子的见识，增进与孩子的情感交流，与孩子共同收获快乐。

4. 老年团

老年人有丰富的人生阅历，相较于中青年人，他们对精神消费的需求较多，容易怀旧，注重养生，希望得到尊重和关注。

5. 商务团

商务团的成员多为商业成功人士，他们见多识广，思维敏捷，比较务实，更加关注细节。

6. 残疾人团

残疾人的自尊心强，较为敏感。由于身体条件和相关服务设施的限制，残疾人的活动范围普遍较小，一般以居住地附近的旅游区为主要游览地。

★ 活动三　讨论与评价

【大讨论】

1. 旅游团的划分依据是什么？

2. 带不同团型的旅游团时分别有哪些注意事项？请举例说明。

【任务评价】

评价项目	自我评定	小组评定	教师评定
简述旅游团团型的概念（40分）			
简述不同团型旅游团成员的特点（60分）			
总评（等级评定）			
等级评定：优（90分及以上）良（80—89分）中（70—79分）合格（60—69分）不合格（60分以下）			

【实训心得】

_____

_____

_____

_____

任务二　不同团型旅游团导游词写作实训

★ 活动一　课前预习

◎通过报纸、杂志、网络等途径收集不同团型旅游团导游词的范文。

◎想一想：如何写出有针对性的导游词？

模块六任务二

★ 活动二　知识学习

一、不同团型旅游团导游词写作注意事项

（一）研学团导游词写作注意事项

第一，给学生讲解时，内容不要太深，要凸显爱国主义教育。

第二，安全无小事，所以要特别关注学生的安全问题。

第三，讲解时语言要生动，语速要缓慢，语气要亲切。

第四，多提问，多与学生互动，让学生能够有所得。

第五，提醒学生完成研学旅行作业。

（二）教师团导游词写作注意事项

教师的个性普遍沉稳、内敛，他们看问题比较理智、全面，理解能力强，且有很强的自制力，看重导游词内容的知识性和准确性，对讲解内容的细节要求较多。因此，导游词的内容要客观、准确，有深度。导游人员应多从当地的地理、历史、民俗、文化、社会发展等角度入手进行导游讲解，尽量减少妖魔鬼怪之类的内容。另外，面对教师进行讲解时，应多采用探讨的方式。

（三）亲子团导游词写作注意事项

导游人员在带亲子团时要设计一些小孩儿喜欢的旅游景点，最好是家长和孩子都可以共同参与的活动项目，以达到增进家长与孩子之间的感情的目的。孩子的认知能力较低，理解能力较弱，因此针对他们的导游词要浅显易懂。导游人员的语气要亲切、温柔，语速要适当放慢。当然，导游人员也要兼顾家长的需求，随时变换语气；另外，要多提示安全方面的注意事项。在讲解景点时，导游人员可以采用问答式，以增进与游客的互动。总之，导游人员全程都要以饱满的热情赢得团队成员的喜爱和信赖。针对亲子团的导游词既要体现知识性，又要体现趣味性，还要体现互动性。

（四）老年团导游词写作注意事项

针对老年人的导游词要有厚重感、沧桑感，最好可以与他们的经历产生碰撞，从而引发共鸣。老年人的行动和反应比较迟缓，因此导游人员在接待时，不仅要放慢行走速度，还应尽量选择较平坦的路面；讲解时要放慢语速，并加大音量，必要时重复所讲内容；行程安排上不宜过紧。老年人的记忆力比较差，因此，导游人员应多做提醒，要反复强调集合时间和上下车地点，以防他们走失。总之，在接待老年人时，导游人员要表现出极强的耐心，语气要亲切，服务要热情、周到。

（五）商务团导游词写作注意事项

针对商务团的导游词，风格上要严谨、正规、大气，内容上要准确、规范、与时俱进。导游人员在讲解时要察言观色，必要时可以停顿，请成员发表自己的看法，在适当的时候要幽默一下，以调节气氛。

（六）残疾人团导游词写作注意事项

首先，给予尊重。导游人员在任何时候都不应向他们投以异样的眼光，不得打听游客变残疾的原因。其次，细心周到。活动安排要适宜他们的身体条件和特殊需要；要特别留意残疾人的伤残部位，以便进行有针对性的服务。最后，注意方式方法。给予照顾时，要注意场合和分寸，因为过多的当众关心和照顾，可能会伤害他们的自尊心，反而引起他们的反感。

二、老年团导游词案例分享

各位爷爷奶奶，早上好！之所以称呼大家爷爷奶奶是因为我有年纪和大家相仿的爷爷奶奶，所以见到你们有一种特别的亲切感。今天你们就把我当作孙女，就当是孙女陪你们出来走走、散散心，好不好？

我先做个自我介绍吧。我姓李，大家就叫我小李吧。别看我年纪小，我可是一名经验丰富的导游呢。今天我就和我们的司机王师傅一起，带着各位爷爷奶奶去成都大熊猫繁育研究基地走走，看看太阳产房是什么样子、月亮产房是什么样子，看看刚出生的熊猫幼崽有多么可爱。我们今天的行程非常轻松，因为我为大家安排了观光车。成都大熊猫繁育研究基地是世界著名的大熊猫迁地保护基地、科研繁育基地、科普教育基地和文化旅游基地，作为"大熊猫迁地保护生态示范工程"，以保护和繁育大熊猫、小熊猫等中国特有濒危野生动物而闻名于世。这里山峦含黛，碧水如镜，林涛阵阵，百鸟争鸣，被誉为"国宝的自然天堂，我们的世外桃源"。爷爷奶奶们，一会儿在参观的时候有什么要求尽管开口。

我刚才说过了，今天我就是你们的孙女。照顾好各位爷爷奶奶不仅是我的工作，还是我的义务。当然，如果我有做得不够好的地方，你们也可以直接提出来，这也是在帮助我进步呢。

出来玩，最重要的还是安全。今天小李会一直举着这面黄色旗帜，人在旗在，人倒旗也不能倒，哈哈……刚才旅行社给大家发了小黄帽，大家都把它戴上，这样我在熊猫馆就能随时找到大家。如果您不小心走丢了，千万不要着急，也不要到处走动，只需待在原地，我会去找您！坐观光车会晕车的爷爷奶奶，记得和我说一声。如果觉得哪儿不舒服，也要马上和我说。需要拿东西或者走动的，都可以叫我帮忙。爷爷奶奶们只管坐得稳稳当当的，一切都由小李来安排。说了这么多，爷爷奶奶们不要嫌我啰唆。现在，请爷爷奶奶们抓好扶手，我们要坐着观光车出发啦！

三、不同团型旅游团导游词的写作实训

任选一类旅游团；根据所选团型旅游团成员的特点和导游词写作注意事项，参考范文并结合自己的所见所闻，写一篇不少于 600 字的导游词。

★ 活动三　讨论与评价

【大讨论】

1. 针对不同团型的旅游团，在撰写导游词时要做怎样的调整和安排？

2. 如何更好地为残疾人进行讲解服务？

【任务评价】

评价项目	自我评定	小组评定	教师评定
简述研学团的特点（40分）			
简述研学团的接待要领（60分）			
总评（等级评定）			
等级评定：优（90分及以上）良（80—89分）中（70—79分）合格（60—69分）不合格（60分以下）			

【实训心得】

_____

_____

_____

_____

模块七　竞赛型导游词写作实训

模块目标

素养目标：

★ 能坚定理想信念，传承中华优秀传统文化，自觉树立和践行社会主义核心价值观

★ 提高旅游服务意识，能够诚实守信，以礼待人

★ 培养职业能力，提高综合素质

知识目标：

★ 了解竞赛型导游词的概念

★ 熟悉竞赛型导游词的特点

★ 掌握竞赛型导游词的创作要求

能力目标：

★ 能够根据竞赛型导游词的创作步骤和撰写竞赛型导游词时的注意事项，完成竞赛型导游词的写作实训

模块描述

　　有一种导游词是专门为参加各类比赛准备的，它需要参赛者对导游词的结构进行科学布局，对导游词的内容进行精雕细琢。竞赛型导游词一般来说都有竞赛指南和竞赛规程作为指导和参考，是一种有时间上和竞赛规则上的限制的导游词，是对导游词最集中、最精练的艺术化反映，历来受到参赛者和参赛单位的重视。

模块任务

学生通过学习本模块的知识，完成以下任务。

★ **任务一**：掌握竞赛型导游词写作的基础知识，完成【任务评价】和【实训心得】的填写。

★ 任务二：掌握竞赛型导游词的创作步骤和撰写竞赛型导游词时的注意事项，参照竞赛型导游词的范文，完成竞赛型导游词写作实训，以及【任务评价】和【实训心得】的填写。

任务一　掌握竞赛型导游词写作的基础知识

★ 活动一　课前预习

◎ 通过报纸、杂志、网络等途径收集关于竞赛型导游词的相关资料。

◎ 想一想：撰写竞赛型导游词时有哪些注意事项？

模块七任务一

★ 活动二　知识学习

一、竞赛型导游词的概念

随着旅游教育的发展，无论是旅游行业还是各大院校，都在频繁地开展导游技能大赛。竞赛型导游词就是技能大赛中的导游词。无论是用于竞赛的导游词还是用于实地讲解的导游词，其主题都要明确，其内容都要有特色和一定的文化内涵。

二、竞赛型导游词的特点

竞赛型导游词的特点如下。

第一，竞赛型导游词的现场感相对较弱。实地讲解中会发生一些突发情况，如游客突然发问或者游客表现出对景区（点）无兴趣。这时候，导游人员就需要适时调整导游词的内容，以使讲解更好地继续。但导游技能大赛中的导游词一般是一篇准备好的文章，参赛者只需在规定时间内（通常是 5 分钟以内）完成，听众不会打断或提问，因此现场感比较弱。

第二，竞赛型导游词的听众是评委。在旅游景区（点），多数游客对景点的了解较少，甚至一无所知，因此在进行讲解时，导游人员所讲的内容不太容易被质疑或者评判。但技能大赛的听众是评委，他们对景点或者景点相关内容较为熟悉，甚至了如指掌，因此导游词内容的准确性就会相当重要。总之，竞赛型导游词的创作难度比实地导游讲解词的创作难度大。

第三，竞赛型导游词的讲解更具表演性。在实地讲解中，导游人员的语言要通俗易懂。在竞赛中，参赛者需要在小范围、短时间内做充分展示，因此需要具备一定的现场表演能力，在讲解时需要夹杂一些表演成分，如抒情等。因此，在创作竞赛型导游词时，要使用一些抒情性的语言。

第四，竞赛型导游词更注重细节。在实地讲解中，景点是什么就讲什么。随着导游人员的讲解，游客能够逐层深入地了解景点。因此，导游人员的肢体语言比较自然。但在竞赛中，参赛者的讲解手势更具象征意义，参赛者需要规范、准确地将手势与景点背景图进行匹配。参赛者在讲解竞赛型导游词时，不仅要使评委听懂，还要使评委在听懂的基础上想象出所讲解景点的细节。因此，人们对竞赛型导游词的创作细节要求更高。

三、竞赛型导游词的创作要求

第一，在挑选所讲解的景点时要综合考虑自己的气质、声音特点等。例如，气质粗犷、声音浑厚的男性参赛者可以选择文化底蕴深厚的人文景观，而气质温婉、声音甜美的女性参赛者可以选择景色秀丽的自然景观。

第二，在5分钟以内完成对一个景点的全面介绍是不可能的，而且在比赛中不适宜对某个景点做概括性的介绍，因此参赛者可以选择景点的某一部分进行详细的讲解，这样也容易出彩。

第三，在创作导游词时，参赛者要遵循由点到面、由表及里、逐层深入的原则。没有细致的观察就没有深刻的发现。因此，在选定景点后，参赛者除了要收集所选景点的背景资料，还要前往景区，对所选景点进行全方位的观察，细致把握景点的外在形态。

第四，在创作导游词时，参赛者应努力提升导游词的文化内涵，使导游词听起来有深度。

第五，参赛者要在导游词的结尾处画龙点睛，以留给评委无尽的思考和回味。

★ 活动三　讨论与评价

【大讨论】

1. 竞赛型导游词与一般导游词的区别是什么？

2. 竞赛型导游词的创作步骤是什么？

【任务评价】

评价项目	自我评定	小组评定	教师评定
简述竞赛型导游词的概念和特点（40分）			
简述竞赛型导游词的创作要求（60分）			
总评（等级评定）			
等级评定：优（90分及以上）良（80—89分）中（70—79分）合格（60—69分）不合格（60分以下）			

【实训心得】

_____

_____

_____

_____

_____

任务二　竞赛型导游词写作实训

模块七任务二

⭐ 活动一　课前预习

◎ 通过报纸、杂志、网络等途径收集竞赛型导游词的范文。

◎ 想一想：我们应该从哪些方面切入写出一篇优秀的竞赛型导游词？

⭐ 活动二　知识学习

一、竞赛型导游词的创作步骤

竞赛型导游词创作，既要源于生活，又要高于生活。在创作之前，参赛者要充分了解竞赛指南的要求和评分标准。竞赛型导游词须体现典型性和引领作用。在创作竞赛型导游词时，参赛者应做到内容正确、主题鲜明、重点突出、游踪清晰、层次分明、结构严谨、过渡自然，并保证创作有特色，要能引起评委的关注。只有这样，参赛者才能在有限的时间内，使技巧和方法、内涵与深度、互动与现场感等得到集中而自然的展现。一般来说，我们可以按照如下步骤进行竞赛型导游词创作。

（一）定主题，选讲点

参赛者要先确定主题，即要向游客表达一种什么思想、意图，要激发游客什么样的情感。只有主题确定了，才能统领全篇，指导材料内容的取舍，否则导游词就会神形俱散，缺乏讲解的目的和意义。在确定主题之后，参赛者要选取一个有意义且能体现景点的主要特色和总体风格的点作为创作核心。这个点既可以是一个景点，也可以是与景点相关的对象或内容。

（二）找内容，定框架

确定主题和讲点之后，参赛者需要找到适合呈现主题和讲点的材料，然后设计清晰、合理的框架和层次。由于时间限制，参赛者在找内容方面一般会遇到两个问题：一是内容太多，难以取舍；二是难以找到有价值、有新意的内容。参赛者需要对拟讲解的景点有全面、深入的了解，然后根据导游词的创作原则，如临场性、实用性、综合性、知识性、趣味性等择优选取内容，力争做到切入巧妙，讲解全面、深入，结尾出彩。另外，参赛者需要掌握和运用多种方法，如网络查询法、实地考察法、调研法、专家访谈法等收集材料，然后按照时间顺序、空间顺序等制定框架，从而呈现出曲折回环、层层递进又耐人寻味的表达效果。

（三）寻亮点，设技巧

导游词的亮点是充分体现参赛者的讲解技能与个人魅力的地方。参赛者可以通过补充新颖的材料、寻找创新的视角，或者引发自己与评委之间的共鸣等途径来凸显导游词的亮点，还可以通过运用多种导游讲解技巧，增强导游词的生动性和吸引力。常用的导游讲解技巧有很多，比如类比法、问答法、引用法、虚实结合法、突出重点法、画龙点睛法、触景生情法等。导游讲解技巧的恰当使用，能增强导游词的生动性和趣味性。例如，潮州广济桥的导游词的开头部分就引用了当地民谣"到广不到潮，枉费走一遭；到潮不到桥，白白走一场"，一下子就激发了游客的兴致，这就是导游词的亮点。

（四）顺语句，增实感

在导游词基本成型之后，参赛者还要通过调整讲解语言和讲解方式来突出讲解的现场性、互动性和语言的舒适自然性。由于竞赛型导游词没有真实交流的对象，因此参赛者在创作导游词时，需要借助实际带团经验，虚构出讲解主体、讲解客体和讲解对象的三元互动情境。竞赛型导游词的语言要是经过斟酌加工的、符合全篇导游词艺术风格的口语体，要符合讲解者的风格及习惯。因为导游语言是一种交流语言，是为人服务的实用性语言，因此，让人听起来舒服和达意显得尤为重要。

在创作竞赛型导游词之初，参赛者要多看、多问、多想，要有文学家的功底、诗人的激情、史学家的冷静头脑和理论家的逻辑性，要对导游词创作持严肃、认真的态度。

二、撰写竞赛型导游词时的注意事项

导游词背诵起来容易讲解起来难，写出来容易写好难。参赛者要想讲得精彩，首先需要有一篇好的导游词。好的导游词要主题突出、内容巧妙、开合自如、生动传神，听后让人难忘。导游讲解是一门艺术。生动有趣且独具特色的讲解，会使得一篇导游词鲜活起来，将游客牢牢地吸引住，使游客感受到景点之美。撰写竞赛型导游词时的注意事项如下。

第一，导游词要给人以身临其境之感，使评委跟随你的讲解进入意境，而不愿意走出。

第二，确保讲解内容准确无误。准确性是导游词的基本要求。技能大赛的评委都是旅游行业的专家，对导游词的准确性要求很高。一旦发现参赛者张冠李戴或信口开河，就会质疑参赛者的专业性和水平。内容的准确性体现在两个方面：一是遣词造句准确；二是讲解内容准确，即对所讲景点的地理区位、历史沿革、构造、特点等的描述要准确。即便是神话传说、民间故事也要有据可查，并且要与所讲景点有密切的联系。

第三，导游词要情景交融，即在描写景物时要与人的思想和情感相结合，这样才能让评委产生共鸣。

第四，导游词中要有过渡语，即由一个景点转向另一个景点时，要有过渡性的语言。参赛者可以利用问答法或者制造悬念法，激发评委的好奇心，提高评委的兴致。

三、竞赛型导游词案例分享

我记得小时候中央电视台有一档节目叫《正大综艺》，主持人的经典台词是"不看不知道，世界真奇妙"。那时，我的梦想就是能够走遍祖国的大好河山，看看外面的世界。所以，当年报高考志愿时，我郑重地选择了旅游管理专业。毕业后，我如愿成为一名导游，终于有机会了解那些之前只在地图上见过，但从未踏足过的地方。带着对这份工作的热爱，我在导游岗位坚守了十年。面对来自五湖四海的朋友，当我把最美的山西讲给他们听时，我真的无比自豪。十年间，我未敢懈怠过。在烈日下，我从未戴过墨镜与客人讲话；在严

寒中，我从未戴过手套为客人指引；在旅游旺季，即便嗓子近乎沙哑，我也会把该介绍的内容一点不落地讲完。因为我总觉得客人来一趟山西不容易，让他们错过任何内容，都是我的失职。我的同事形容我是"带着信仰在工作"，我想这不只是我个人的信仰，更是每一个想要讲好中国故事的导游的信仰。十年间，我从一个白净的小姑娘，变成今天黝黑的导游；十年间，除了休产假，我从未离开过自己的岗位；十年间，我结交了天南海北的朋友。春天，我能吃到山东朋友寄来的樱桃；夏天，我能尝到岭南客人送来的荔枝；秋天，我能品到最地道的大闸蟹；冬天，我能收到一箱箱的雪莲果。如果您想问，是什么让我数十年如一日地坚守在自己的岗位上，那么我想告诉您，是我为游客答疑解惑时，他们投来的赞许的目光；是我拿起麦克风滔滔不绝时，游客脸上洋溢的微笑；是我在与游客分别时，他们依依不舍的拥抱和感谢。我的付出让游客对祖国的大好河山有了更深的了解和热爱，这就是我始终坚持讲好中国故事的动力。

在导游岗位上，我见证着祖国的发展。随着时代的变迁，旅游行业发生了巨大的变化：我们的出行工具更加舒适、安全、快捷了，景区的设施更加完善了，导游人员的社会服务意识大大提升了。旅游路线也不仅仅局限于周边，而是逐步走向全域，走出国门了。我也从开始单纯的向导、讲解员，成长为今天的历史文化传播者、文明旅游倡导者、绿色环保志愿者、游客安全守护者。走的地方越多，我就越爱我的祖国！今天，我站在这里心潮澎湃。作为一名中华文化的传播者，在今后的工作中我一定不忘初心、牢记使命，以一名导游的身份继续向世界讲述中华民族5000多年的故事，为实现中华民族伟大复兴的中国梦尽自己的一份力量。请允许我以共和国女儿的名义，真诚地道出70万中国导游的共同心声：争做时代先锋，讲好中国故事！

（此文为第四届全国导游大赛总决赛冠军张晓旭的参赛导游词，有改动）

四、竞赛型导游词的写作实训

结合本校最近拟举办的导游技能大赛，对标竞赛型导游词的创作要求，参照教材所给的写作方法和范文，根据自己对本次大赛的理解，写出一篇不少于600字的竞赛型导游词。

★ 活动三　讨论与评价

【大讨论】

1. 如何使自己创作的导游词在竞赛中脱颖而出？

2. 在导游技能大赛中，除了准备优秀的导游词外，还需要注意哪些方面？

【任务评价】

评价项目	自我评定	小组评定	教师评定
简述竞赛型导游词的创作步骤（40分）			
简述撰写竞赛型导游词时的注意事项（60分）			
总评（等级评定）			
等级评定：优（90分及以上）良（80—89分）中（70—79分）合格（60—69分）不合格（60分以下）			

【实训心得】

_____

_____

_____

_____

_____

模块八 图片型导游词写作实训

模块目标

素养目标：

★ 能坚定理想信念，传承中华优秀传统文化，自觉树立和践行社会主义核心价值观

★ 提高旅游服务意识，能够诚实守信，以礼待人

★ 培养职业能力，提高综合素质

知识目标：

★ 了解图片型导游词的概念

★ 掌握图片型导游词的创作要求

能力目标：

★ 能够根据图片型导游词的创作步骤和撰写图片型导游词时的注意事项，完成图片型导游词的写作实训

模块描述

图片型导游词写作实训是一种以图片为主要信息源，需要创作者通过准确解读题干内容和图片所给予的信息，按照导游词写作的框架和规范来创作导游词的一种实训形式。在图片型导游词写作实训中，我们要充分挖掘图片上的视觉元素，如自然风光、建筑风格、文物古迹等，并探寻与之相关的历史人物故事，然后通过生动、有趣的语言，为游客呈现出一个立体、生动的景点形象，加深游客对景点的了解。创作图片型导游词可以考查创作者的观察能力和对景点知识的掌握情况，是旅游院校升学考试和旅游行业进阶考试的主要考核形式，也是导游技能大赛中的赛项。

模块任务

学生通过学习本模块的知识，完成以下任务。

★ 任务一：掌握图片型导游词写作的基础知识，完成【任务评价】和【实训心得】的填写。

★ 任务二：根据图片型导游词的创作步骤和撰写图片型导游词时的注意事项，参照图片型导游词的范文，完成图片型导游词写作实训，以及【任务评价】和【实训心得】的填写。

任务一　掌握图片型导游词写作的基础知识

★ 活动一　课前预习

◎ 通过报纸、杂志、网络等途径收集关于图片型导游词的相关资料。

◎ 想一想：图片型导游词的创作要领是什么？

★ 活动二　知识学习

一、图片型导游词的概念

图片型导游词是指创作者根据所给的有关某景区（点）的一张或多张图片完成的一篇具有文化内涵，体现创新性、时代性、趣味性的导游词。这种导游词创作形式目前在旅游行业或旅游院校的导游技能大赛中很受欢迎。一些旅游院校升学考试或旅游行业进阶考试中也采用此类考核方式。它的优点在于：第一，可以考查受试者的观察、分析、取舍、组合图片信息的能力；第二，便于考核方在有限时间内，完成对数量众多的受试者的统一考核，省时省力，节约成本；第三，让受试者在同一时间做同一张试卷，用同一个标准去评判，可以保证考核的公平性。

二、图片型导游词的创作要求

图片型导游词的创作要求如下。

第一，在创作图片型导游词时，创作者既要遵循图片信息的指引，又要紧扣主题。首先判断图中所给景点是哪里，其次确定讲解顺序，最后抓住景点的主要特征进行细节描写。

第二，根据题干中规定的游客身份，确定讲解角度和讲解重点。

第三，注意导游词的行文规范和格式。

第四，除了对画面上的景物进行描述外，还要对画面外的信息进行补充性描述。导游词中要渗透着创作者的专业素养以及创作者对旅游行业的热爱。

第五，在创作时还应做到内容正确、主题鲜明、重点突出、游踪清晰、层次分明、结构严谨、过渡自然，最好有所创新。

★ 活动三　讨论与评价

【大讨论】

1. 在创作图片型导游词时，要如何补充画面外的信息？

2. 在创作图片型导游词时，应遵循哪些原则？

【任务评价】

评价项目	自我评定	小组评定	教师评定
简述图片型导游词的概念（40分）			
简述图片型导游词的创作要求（60分）			
总评（等级评定）			
等级评定：优（90分及以上）良（80—89分）中（70—79分）合格（60—69分）不合格（60分以下）			

【实训心得】

任务二　图片型导游词写作实训

★ 活动一　课前预习

◎通过报纸、杂志、网络等途径收集关于图片型导游词写作的相关资料；仔细观察、研读图片，找出有价值的信息和内容。

◎想一想：在考试或竞赛中，我们应该如何解读图片上的信息，从而写出一篇有特色的导游词？

★ 活动二　知识学习

一、图片型导游词的创作步骤

在创作图片型导游词时不能着急，要沉着冷静，先找出图片中的关键信息，然后精心设计，按步骤来完成导游词创作。图片型导游词的创作步骤如下。

（一）定主题，选讲点

在创作导游词时，我们首先要确定图片的主题，即弄清楚图片上呈现的是哪个景点，要表达什么思想、意图，要激发游客的什么情怀。在确定主题之后，就要选取一个有意义且能体现景点的主要特色和总体风格的点作为创作核心。这个点既可以是图片上呈现的，也可以是创作者根据图片提炼出来的。注意：创作导游词时不用面面俱到，选定一到两个点讲深、讲透即可。

（二）定框架，找内容

确定主题和讲点之后，就要完成框架的设计和内容的安排了。一篇完整的导游词一般包括欢迎词、概括性介绍、重点讲解和欢送词。在概括性介绍部分，创作者通常要介绍景点的位置、范围、地位、意义、历史、现状和发展前景等，目的是帮助游客对景点有个总体的了解，引发游客的兴趣。在重点讲解部分，创作者要从景点成因、历史传说、文化背景、审美功能等方面进行详细的讲解，使游客对景点有一个全面、具体的了解。这是导游词最重要的部分。创作者需要结合自己的知识储备，进行全面、深入的分析，选定与主题有关联的内容作为基础素材，然后根据导游词的创作原则，如临场性、实用性、综合性、知识性、趣味性等择优选取内容，力争使自己创作的导游词内容充实，富有特色。

（三）寻亮点，设技巧

导游词一定要突出所描写景观的特色，即独一无二的东西。个性越鲜明，旅游资源的价值越高。每一个景观都有其独特的地方，我们要准确地把它表达出来，这样才能吸引游客。要想使导游词中有亮点，在创作导游词时我们就要保证有新内容、新见解、新材料、新角度。我们所要描写的景观，不论是自然景观还是人文景观，一般都有悠久的历史，有大量的口头流传的故事或丰富的文学材料。因此，我们要从自己的知识储备中调出与图片主题相关的材料，然后经过分析、比较，筛选出优秀的、科学的、符合时代精神的、富有艺术性的内容。我们还可以通过运用多种导游讲解技巧，如类比法、问答法、引用法、虚实结合法、突出重点法、画龙点睛法、触景生情法等，来突出导游词的特色，增强导游词的生动性和吸引力。生动形象的语言能将游客引入意境，给他们留下深刻的印象。在导游词中，恰当地运用比喻、比拟、夸张、象征等修辞手法，可以使静止的景观变得生动鲜活起来，展示出事物的内在美，使游客陶醉其中。

（四）顺语句，增实感

在导游词基本成型之后，创作者要默读多遍，并模拟现场为游客讲解的场景，以验证导游词是否有不合适的地方。如果有，要对不合适的地方反复雕琢，从而使语句通顺，增强现场感。

二、撰写图片型导游词时的注意事项

在撰写图片型导游词时，我们要注意以下几点。

第一，要仔细观察并认真解读图片上的信息。此类考试模式一般向受试者提供一张或多张图片，有可能是关于景点的简笔画，也有可能是关于景点的照片。无论我们拿到的是什么形式的图片，都要第一时间仔细观察并认真解读图片上所包含的信息。

如果我们拿到的是某景区（点）的全景图，那么我们应先找准观赏画面的角度，分清东南西北，然后按景区（点）概述的大致框架来构思导游词，做到点面结合、疏密搭配。例如，通常画面观赏视角的近端是景区（点）的一个主要出入口，而画面的远端是景区（点）的另一个出入口。找到这两个点后，我们就可以模拟参观游览该景区（点）的路线，为导游词的创作顺序做合理安排了。当然，导游路线的安排不是固定不变的，既可以由近及远，也可以由远及近，还可以按环形路线，只要符合导游词创作的基本规范和要求就行。

如果我们拿到的是某景区（点）的局部图，那么我们首先要判断出这张局部图上是哪个景区（点），然后对该景区（点）的地理位置、历史沿革、特色进行概要性描述，之后再对这个景区（点）进行深度解读，也就是完成对这个景区（点）的定点讲解。除此之外，我们还要仔细观察图片中有没有楼阁、佛塔、大树、桥梁、水面、戏台（对歌台）、特色小吃、古朴街面、招牌文字等显性信息。如果有，我们也可以将其作为撰写定点讲解词的备选素材。

如果我们拿到的是"一全一局"或者"多局"的图片，该如何处理呢？

现在，我们就以国家 5A 级旅游景区都江堰为例，对以都江堰设题可能出现的四种情况进行讲解。都江堰景区面积较大，景区内景点较多，比较有特色的景点有二王庙、安澜索桥、鱼嘴分水堤、飞沙堰、宝瓶口、伏龙观等。

第一种情况：如果题干给定的是一张都江堰的全景图或者景区大门图，那么我们可以理解为此题是让针对都江堰景区的概况来写导游词。我们在创作导游词时，只需对都江堰的概况进行讲解并任选景区内的一个或多个景点展开叙述就可以了。只要符合路线走向和逻辑关系的讲解都是可以的。

第二种情况：如果题干给定的是一张局部图，比如鱼嘴分水堤图，那么我们就要重点完成对鱼嘴分水堤的定点讲解，如对名字的由来、源头、作用等进行详细的讲解。如果能把鱼嘴分水堤的灌溉原理和分流原理讲解清楚，那就可以为导游词增添亮色了。

第三种情况：如果题干给定的是一张都江堰的全景图或者景区大门图以及一张"深淘滩、低作堰"的图片，那么我们在撰写导游词时，除了需要介绍都江堰景区的概况外，还必须重点讲解古老的都江堰水利工程、"深淘滩、低作堰""遇湾截角，逢正抽心"的科学治堰原理以及李冰治水的故事。如果能写出"深淘滩，低作堰"对人生的启示（"深淘滩"就是要不断学习，修身养性；只有胸怀大志，心怀天下，才能做出更有益于人类和社会的事。"低作堰"就是要谦虚谨慎，低调做人，踏实做事），那就可以提高整篇导游词的水平。

第四种情况：如果题干给定的是鱼嘴分水堤和飞沙堰的图片，那么我们就要完成对这两个景点的定点讲解。在创作导游词时，我们必须聚焦鱼嘴分水堤和飞沙堰两个景点，将古老的都江堰水利工程的"四六分水"和"二八排沙"原理讲透彻。

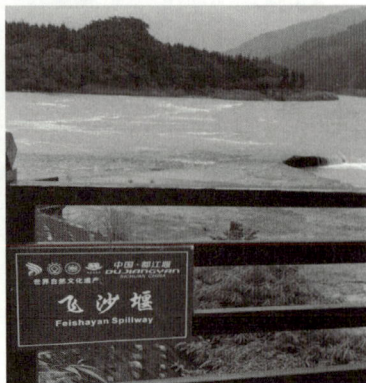

第二，我们要看看所给定的图片上有没有特殊文字呈现，如旅游道路的名称、亭台楼阁上的楹联、石刻上的文字等信息。这些信息都是题干考查的一部分。因此，我们要养成通看通读的习惯，不漏掉图片中的任何信息，确保读懂题意。

第三，要注重知识性。导游词中的文化知识是指有关旅游胜地的历史典故、地理风貌、风土人情、民族风俗、民间传说等方面的内容。导游词中的文化知识不仅可以使导游词言之有物、言之有理，还可以勾勒出生动的视觉形象，把游客引入一种特定的意境，从而达到陶冶游客情操的目的。这部分内容是最容易出彩，也最容易得分的部分。因此，为了能写出优秀的导游词，我们平时应加强积累，多了解与景点相关的知识性内容。

第四，要增强趣味性。在导游词中多增加一些与景点相关的神话传说、民间故事、逸闻趣事可以增强导游词的趣味性。不过，在引用和编撰的时候，一定要合理而自然，不能牵强附会，更不能胡编乱造。

温馨提示：都江堰景区需要重点熟悉的景点有二王庙、安澜索桥、鱼嘴分水堤、飞沙堰、宝瓶口、伏龙观、秦堰楼、堰功道。

三、图片型导游词典型案例讲解

接下来我们以阆中古城景区、三星堆遗址景区、峨眉山景区、邓小平故里景区、九寨沟景区为例，来讲解如何创作出独具特色且符合题干要求的优秀导游词。创作时，我们可参见都江堰的分析和讲解方法。

（一）阆中古城景区

当看到阆中古城全景图时，我们可以按照以下素材，结合自己的知识储备进行导游词创作。

阆中古城位于四川盆地北部、嘉陵江中游，为国家 5A 级旅游景区。名胜古迹有永安

寺、五龙庙、滕王阁、观音寺、巴巴寺、大佛寺、汉桓侯祠（张飞庙）、中天楼、川北道贡院等，为中国历史文化名城。阆中古城有"世界千年古县""中国春节文化之乡"的称号，是中国四大古城之一。

古城的建筑是中国古代建城选址"天人合一"的典范，是融南北风格于一体的棋盘式格局，形成了半珠式、多字形和品字形等风格迥异的建筑群体。景区被称为多元文化荟萃的"阆苑仙境"，是中华民族本源文化的发祥地之一，融本源文化、巴人文化、三国文化、科举文化、天文文化、民俗文化、饮食文化、红色文化于一体。特产有保宁蒸馍、保宁压酒、保宁醋、张飞牛肉等。

当看到汉桓侯祠的图片时，我们可以按照以下素材，结合自己的知识储备进行导游词创作。

汉桓侯祠，又名张桓侯祠、张飞庙，位于四川省阆中市古城西街，始建于三国时期，历代屡经兴废，现存建筑为明清时期的遗存，是纪念三国时蜀汉名将张飞的祠庙。汉桓侯祠为四合庭院式古建筑群，由山门、敌万楼、左右厢房、大殿、后殿、墓亭、墓冢等组成。除山门和敌万楼为明代建筑外，其余建筑均为清代所建。汉桓侯祠对研究阆中地区古建筑群早期规划的思想及方法有较高的参考价值。

汉桓侯祠内的代表性建筑敌万楼的得名取《三国志》称张飞"万人之敌"之意。楼下置唐、宋铸铜佛三尊。楼左右两侧的木石牌坊间嵌有《大汉西乡亭侯张庙记》《蜀汉西乡亭侯张公灵异碑》《汉桓侯车骑将军张翼德之墓碑》等，文字蚀残，无法被完整辨识。汉桓侯祠大殿在五级台阶上，阔五间，为歇山式大屋顶，砖雕拼合屋脊，是清同治年间重修的。外廊置巨鼎，右有张飞《立马铭》，左有《重修庙记》古碑。殿内正中塑有2米多高的张飞文像，头戴冕旒，身着黑蟒袍，手捧玉笏。左有张包执蛇矛，右有马齐捧丹卷。

穿过后殿，便是张飞墓冢。墓冢前建有一墓亭，亭中塑有张飞武像，原为铁铸，今为泥塑。张飞墓冢呈椭圆形，南北长 42 米，东西阔 25 米，高 8 米。汉桓侯祠左右各有厢房 10 余间，均配以雕花隔扇门。右厢房为阆中出土文物陈列室；左厢房为雕塑厅，有"桃园结义""鞭督邮""古城会""当阳桥""义释严颜""战马超""立马勒铭""虎臣良牧"等大型群雕，是张飞生平业绩的再现。祠内现存碑匾 24 块，名联多副，多系名家所书。

汉桓侯祠具有特殊的历史文化含义。张飞为三国蜀汉"五虎上将"之一。刘备攻取四川后，封张飞为车骑将军，领司隶校尉，并命张飞为巴西太守，令其镇守阆中。在镇守阆中的 7 年间，张飞带领军民开垦荒地，发展经济，栽桑养蚕，大大促进了阆中经济的发展。张飞无论为文臣还是做武将，都勤于职守，正映照了《三国志》中对张飞"称万人之敌，为世虎臣"的评价。章武元年（221 年），张飞被属下张达、范强所害，谥为桓侯，葬于阆中。张飞遇害后，人们敬其忠勇，为他筑冢建祠，以示纪念。

张飞声名显赫，其实证明了一个简单的道理：为人一世，为官一任，只有既造福于当世，又惠及后人，才能得到民众的拥戴，才能受到后人的尊敬与怀念。

当看到中天楼的图片时，我们可以按照以下素材，结合自己的知识储备进行导游词创作。

中天楼，又名四牌楼，是阆苑十二楼之一，也是古城的核心坐标。地处阆中古城中心地带，是武庙街、西街、北街和双栅子街的交会处。古城的街道就是以中天楼为轴心向四面八方次第展开的。中天楼北通北街，南通双栅子街，西通西街，东通武庙街。据说古人在选址时非常讲究，他们

通过测量，计算出阆中古城四围东西走向山脉和南北走向山脉最高点在天空中的交会处，然后将其映射到地面，并在此修建了中天楼。因为它是阆中古城东、南、西、北四方相通的过街楼，故俗称"四牌楼"；又因为该楼建造在阆中古城纵横两条中轴线上，所以人们习惯称其为"中天楼"。中天楼建筑特色鲜明，共 3 层，攒尖楼顶，黑色琉璃瓦屋面，楼门四通。登上楼顶，视野开阔，古城的山水格局尽收眼底。唐代诗人金兆麟曾描绘："泠然蹑级御长风，境判仙凡到半空。十丈栏杆三折上，万家灯火四围中。登临雅与良朋共，呼吸应知帝座通"。中天楼历史悠久，始建于唐代。现在的中天楼是 2006 年重建的，为三

层明清风格木楼，底层四通。它宏伟壮丽，气势夺人，与古城的风貌协调统一。为增加其旅游文化内涵，方便游客游览参观，2008 年，阆中市政府投资修建了附属工程（包括伍明万雕塑馆等）。许多游客在登上中天楼饱览阆中古城的美景后，都赞叹不已，认为它是观赏古城美景的最佳去处。

温馨提示：阆中古城景区需要重点熟悉的景点有永安寺、五龙庙、滕王阁、观音寺、巴巴寺、大佛寺、汉桓侯祠（张飞庙）、中天楼、川北道贡院。

（二）三星堆遗址景区

当看到三星堆博物馆的图片时，我们可以按照以下素材，结合自己的知识储备进行导游词创作。

三星堆遗址是中国新石器时代末期至商代的大型古蜀文化遗址，位于四川省广汉市南兴镇北面。三星堆精美绝伦的文物群体，是古蜀先民精神世界的生动写照。礼敬天地的美玉、造型独特的神坛、纵目千里的面具、人鸟合一的神像、振翅飞翔的凤鸟、达地通天的神树——深藏着对天地神祇、自然万物的无比虔敬，展现了古蜀先民浪漫的想象力和非凡的创造力。三星堆遗址是全国重点文物保护单位，是我国西南地区发现的分布范围广、延续时间长、文化内涵丰富的古文化遗址。20 世纪 20 至 30 年代，广汉月亮湾燕家院子发现玉石器。50 至 60 年代，考古工作者在三星堆遗址不断开展调查和试掘。1980 年后，三星堆考古进入系统发掘和研究阶段。1986 年，两个祭祀坑的发现"一醒惊天下"。随着考古工作的推进，城墙、大型建筑基址等重要遗存被发现，三星堆古城格局逐渐明晰。2019 年以来，六个祭祀坑的发现再次引起广泛关注。考古学家将该遗址群的文化遗存分为四期，其中一期为早期堆积，属于新石器时代晚期文化，二至四期则属于青铜文化。所出土的陶器、石器、玉器、铜器、金器，具有鲜明的地方文化特征，自成一个文化体系，已被中国考古学者命名为"三星堆文化"。近年来，相继发掘了3号、4号、5号、6号、7号、8号坑。2022年6月13日，四川省文物考古研究院在三星堆博物馆召开新闻发布会，对"考古中国"重大项目三星堆遗址考古发掘进行阶段性成果发布，宣布新发现的这6座坑共计出土编号文物近13000件，其中相对完整的文物3155件。2024年1月5日，三星堆正式荣获"国家文物保护利用示范区"称号。

三星堆遗址景区面积大，文物众多，重要的典型性文物包括商青铜立人像、商金杖、神树纹玉琮、戴立冠青铜人头像、商青铜太阳形器、青铜纵目面具、商玉璋、青铜爬龙器盖、商青铜兽面具、商青铜神树等。

当看到商青铜立人像的图片时，我们可以按照以下素材，结合自己的知识储备进行导游词创作。

在三星堆众多的青铜雕像群中，足以领衔群像的最高统治者非商青铜立人像莫属。不论是从服饰、形象还是从体量等各方面看，这尊立人像都堪称"领袖"人物。在世界范围内，它是现存最高、最完整的青铜立人像，被誉为"世界铜像之王"。雕像采用分段浇铸法嵌铸而成，身体中空，分人像和底座两部分。人像头戴高冠，身穿窄袖与半臂式衣服——共三层，衣上纹饰繁复精丽，以龙纹为主，辅配鸟纹、虫纹和目纹等，身佩方格纹带饰。其制作之精美细腻，迄今为止，在夏商周考古史上绝无仅有。其双手环握中空，两臂略呈环抱状构势于胸前。脚戴足镯，赤足站立于方形怪兽座上。其整体形象庄重，似乎表现的是一个具有通天异禀、神威赫赫的大人物正在作法。其所站立的方台可被理解为其作法的道场——神坛或神山。立人像净高180厘米，通高260.8厘米，现存放在三星堆博物馆。这尊"纪念碑"式的立人像，高鼻梁、大眼睛、深眼眶、大耳朵，其相貌与中原人差别较大。它究竟象征什么身份呢？对此学术界有几种不同的意见。一种意见认为，青铜立人像是一代蜀王形象，既是政治君王，又是群巫之长。另一种意见认为它是古蜀神权政治领袖形象。还有一种意见认为其形象酷似汉语古文字中"尸"字的字形，应将其解读为"立尸"。这种观点所提到的"尸"，大体来说，具有主持祭神仪式的主祭者和作为神灵象征的受祭者的双重身份。与之相对的观点则认为该人像与

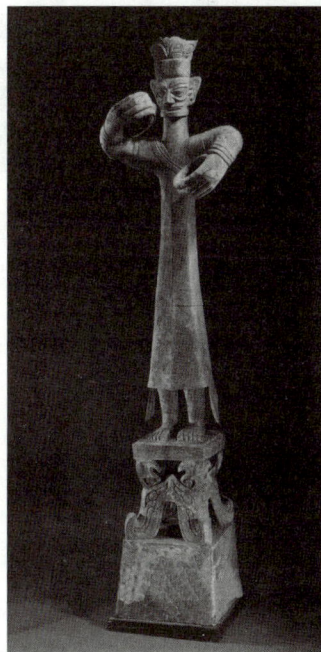

古文献中所谓"立尸"或"坐尸"的内涵截然不同。我们倾向于认为，他是三星堆古蜀国集神、巫、王三者身份于一体的最具权威性的领袖人物，是神权与王权最高权力之象征。人像身佩的方格纹带饰，具有表征权威的"法带"性质，其衣服上的几组龙纹装饰似有与神灵交感互渗的意义，其所穿之衣很可能是巫师的法衣。

当看到商金杖的图片时，我们可以按照以下素材，结合自己的知识储备进行导游词创作。

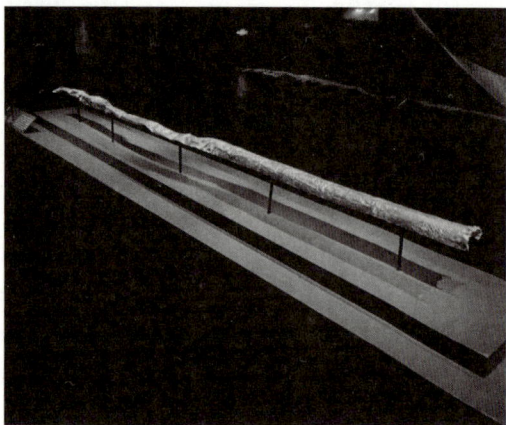

商金杖出土于1号祭祀坑，全长1.42米，直径2.3厘米，净重约500克。它是代表政治权力与宗教权力的权杖，为古蜀国最高的政治人物与宗教人物所用。商金杖是已出土的中国同时期金器中体量最大的一件。金杖系将金条捶打成金皮后，再包卷在木杖上的金器；出土时木杖已炭化，仅存金皮，金皮内还残留有炭化的木渣。金杖一端有长约46厘米的一段图案，图案共分三组。靠近端头的一组，合拢看为两个前后对称、头戴五齿巫冠、耳饰三角形耳坠的人头像。另外两组图案相同，其上下方分别是两背相对的鸟与鱼，鸟的颈部和鱼的头部叠压着一支箭状物。

有学者研究后认为，金杖上的人头图案，与青铜立人像相同，都是头戴高冠，耳饰三角形耳坠，这也就表明杖身所刻的人头代表着蜀王及其权力。另外，鱼能够深潜到水底，鸟能够飞到天上去，鱼、鸟的形象象征蜀王具有上天入地的神通。

温馨提示：三星堆景区需要重点熟悉的文物有商青铜立人像、商金杖、戴立冠青铜人头像、青铜纵目面具、商玉璋、商青铜神树。

（三）峨眉山景区

当看到峨眉山的图片时，我们可以按照以下素材，结合自己的知识储备进行导游词创作。

眉，古亦作"嵋"。峨眉山在四川峨眉山市西南。《峨眉郡志》记载："云鬟凝翠，鬓黛遥妆，真如蟒首蛾眉，细而长，美而艳也，故

名峨眉山。"佛教称其为"光明山",道教称其为"虚灵洞天"。峨眉山景区主要由大峨山、二峨山、三峨山、四峨山4座山峰组成。通常所说的峨眉山是指大峨山,即峨眉山的主峰,其峰顶称万佛顶,海拔3099米,峨眉山峰峦挺秀,山势雄伟,重岩叠翠,山麓至峰顶50余千米,石径盘旋,直上云霄,誉称"峨眉天下秀"。峨眉山相传是普贤菩萨显灵说法的道场,与五台山、普陀山、九华山合称"中国佛教四大名山",为国家5A级旅游景区,被列入《世界文化遗产名录》。峨眉山主要有报国寺、伏虎寺、万年寺、华藏寺、清音阁等景点。

当看到报国寺的图片时,我们可以按照以下素材,结合自己的知识储备进行导游词创作。

报国寺地处峨眉山麓,原名会宗堂,因寺中有普贤、广成与楚狂三尊,取儒、释、道"三教"会宗之义,故名。报国寺建于明万历年间,是峨眉山的第一座寺庙、峨眉山佛教协会所在地、峨眉山佛教活动中心。报国寺坐西向东,朝迎旭日,晚送落霞。前对凤凰堡,后倚凤凰坪,左濒凤凰湖,右挽来凤亭,恰似一只美丽、吉祥、展翅欲飞的金凤凰。山门前有一对明代雕刻的石狮,造型生动,威武雄壮,就像左右门卫,守护着这座名山宝刹。报国寺前殿有一座14层的紫铜塔,塔身铸有4700多个佛像,还刻有《华严经》全文,故名"华严塔",也是一件贵重文物。报国寺门口的亭子上,挂有明嘉靖年间圣积寺所铸的一口大钟。钟高2.3米,重10余吨,敲钟时声传30余里(1里=500米),当时因在晚上敲,故名"圣积晚钟"。

整个寺庙是典型的庭院建筑,一院一景,层层深入。报国寺的主要殿宇有弥勒殿、大雄宝殿、七佛殿、普贤殿。四重殿宇依山而建,自前向后逐级升高。弥勒殿为第一殿,供奉弥勒塑像。"弥勒"是慈悲的意思,他是菩萨,还没有成佛。菩萨在佛教中的地位仅次于佛。弥勒后殿供奉的是佛教护法神韦驮站像，它背朝山门，面对大雄宝殿。大雄宝殿为第二殿，殿内供奉的是佛祖释迦牟尼佛金身彩饰坐莲像，右龛供奉的是地藏菩萨金身坐莲像，后龛供奉的是阿弥陀佛像，左右两侧供奉的是释迦牟尼佛的随行弟子十八罗汉像。七佛殿为第三殿，殿内供奉的是七佛，中间一尊为释迦牟尼佛，其余六尊为过去佛，从右至左依次为：南无拘留孙佛、南无拘那含牟尼佛、南无迦叶佛、南无毗舍佛、南无尸弃佛、南无毗婆尸佛。普贤殿为最后一殿，殿内供奉的是普贤菩萨。殿门上写着："金粟庄严便是菩萨住处；昙花灿烂照澈衲子爱心。"

温馨提示：峨眉山景区需要重点熟悉的景点有报国寺、伏虎寺、万年寺、华藏寺、洪椿坪、洗象池、清音阁、猴山、无梁砖殿、普贤铜像、圣积晚钟、金顶十方普贤像。

（四）邓小平故里景区

当看到邓小平故里的图片时，我们可以按照以下素材，结合自己的知识储备进行导游词创作。

邓小平故里位于四川省广安市广安区协兴镇牌坊村，占地面积 3.19 平方千米，是国家 5A 级旅游景区、全国重点文物保护单位，是集缅怀纪念、爱国主义教育、古镇文化、社会主义新农村展示、休闲度假于一体的复合型旅游景区。故居坐东朝西，由东、南、北 3 组单层建筑组成，有 17 间房屋。悬山式木结构、小青瓦屋面、穿斗式承重体系，工艺精湛，风格独特，是典型的川东民居建筑。1904 年，邓小平诞生于此，并在此生活了 15 年。1992 年被列为县级文物保护单位，1996 年被列为省级文物保护单位，2001 年被列为全国重点文物保护单位。2004 年 8 月，成立邓小平纪念馆；同年 12 月，更名为邓小平故里管理局，负责管理和保护邓小平故里纪念园区和佛手山风景区。2013 年被评为国家 5A 级旅游景区。

　　邓小平故里现有全国重点文物保护单位 6 处，以及民俗民风等自然景观多处。园内按文物维修原则修缮了邓小平故居、洗砚池、蚕房院子、翰林院子、德政坊、神道碑、放牛坪、清水塘、邓家老井、邓绍昌墓等近 20 处邓小平青少年时期的活动场所。2004 年 8 月 13 日，经中共中央批准，修建了邓小平铜像广场和邓小平故居陈列馆。2013 年 2 月 27 日，邓小平缅怀馆开工奠基仪式在邓小平故里举行。2014 年 7 月，邓小平亲属向邓小平故居陈列馆和邓小平缅怀馆捐赠了一批文物和遗物，总计 441 件。其中包括 1978 年邓小平用过的中国共产党第十三次全国代表大会代表证、1981 年邓小平参加里根就职典礼纪念的请柬、卓琳亲自给邓小平织的毛裤、邓小平使用过的景德镇青花瓷烫酒壶等文物，极大地丰富了馆藏。

　　当看到邓小平故居陈列馆的图片时，我们可以按照以下素材，结合自己的知识储备进行导游词创作。

　　邓小平故居陈列馆坐落在邓小平故里园区内。江泽民亲笔题写的馆名遒劲有力，熠熠生辉。它距邓小平故居约 500 米，占地约 10 亩（1 亩 ≈ 666.7 平方米），建筑面积 3800 平方米，由 1 个序厅、3 个展厅、1 个电影放映厅及相关附属设施组成，具有极高的艺术品位。陈列馆建筑采用钢筋混凝土框架结构，以精练简朴的建筑语言，在现代建筑设计理念中融入川东民居的建筑风格，交融中国改革开放历史性变化的深刻内涵。陈列馆坐西向东，一字排开，三个青瓦坡形屋面三叠三起，一起比一起高，最后耸立起一座丰碑，象征着邓小平"三落三起"的传奇人生和丰功伟绩。

　　陈列馆共收集了有关邓小平的 408 幅图片、170 件文物、200 多份档案文献资料，通过声、光、电等高科技手段，生动形象地展现了邓小平为中国革命、建设和改革事业不懈奋斗的光辉一生。其中，邓小平留法勤工俭学时的工卡、邓小平使用过的印章、毛泽东评价邓小平的手稿、邓小平于 1979 年访美时美国朋友赠送的牛仔帽、国庆 35 周年的检阅车、邓小平参加国务活动和视察南方时穿过的服装等许多见证重要历史时刻的文物多是第一次展出。其中，基本陈列《我是中国人民的儿子》运用了国际博物馆展示的成功理念和现代先进的展示手段，全方位地再现了邓小平光辉的一生，荣获第六届全国博物馆十大陈列展览精品评选特别奖。陈列馆的展览具有六个主要特点。

第一，内容丰富翔实，主题鲜明。

第二，形式精致考究，大气新颖。

第三，以大量珍贵的照片和实物为主要内容。

第四，运用铸铜石浮雕壁画，增强展览气势。

第五，采用世界首创的电影放映技术，凸显人文关怀。

第六，具有政治优势突出、媒体声势大、社会影响力巨大的特点。

当看到邓小平缅怀馆的图片时，我们可以按照以下素材，结合自己的知识储备进行导游词创作。

邓小平缅怀馆位于邓小平故居陈列馆与邓小平故居之间，距离东南方向的邓小平故居陈列馆约 70 米。2013 年 2 月 27 日，邓小平缅怀馆在邓小平故里开工奠基。邓小平缅怀馆的建设，旨在丰富邓小平故里的教育基地内涵，更好地满足广大人民群众缅怀邓小平同志的需要，充分发挥邓小平故里作为全国爱国主义教育示范基地的功能。邓小平缅怀馆是纪念邓小平同志 110 周年诞辰的重点工程之一，是缅怀邓小平同志崇高风范的又一重要纪念场所。邓小平缅怀馆以"回家"为设计理念，以亲切、自然、温馨为建筑设计指导，展示邓小平生前的工作和生活场景，并以真实遗物为主陈列。缅怀馆的展览主题为"小平，您好"，意在突出展示政坛之下的平民邓小平，表达"人民领袖人民爱"的思想。整个展览是在邓小平故居陈列馆基本陈列《我是中国人民的儿子》的基础上，对邓小平人格魅力的完整补充，让人们更加了解小平的生活、小平的情感、小平的世界。

当年在设计缅怀馆的时候，设计单位坚持以不再新征用土地、不扩大园区现有面积为前提，利用邓小平故居陈列馆与邓小平故居之间的绿地进行修建，保持陈列馆、缅怀馆、故居三者之间的协调，以便游客参观游览。邓小平缅怀馆从建设选址、地质结构勘察、概念设计，到施工图设计，再到后来的陈列布展方案设计，均体现了邓小平作为中国改革开放和现代化建设总设计师的一生。

温馨提示：邓小平故里景区需要重点熟悉的景点有邓小平故居、邓小平故居陈列馆、邓小平缅怀馆、邓小平铜像广场、翰林院子、蚕房院子、德政坊、洗砚池、思源广场。

（五）九寨沟景区

当看到九寨沟全景图时，我们可以按照以下素材，结合自己的知识储备进行导游词创作。

九寨沟风景区，位于四川省西北部岷山山脉南段的阿坝藏族羌族自治州九寨沟县境内，地处岷山南段弓杠岭的东北侧，是国家 5A 级旅游景区、国家重点风景名胜区、世界自然遗产、国家级自然保护区、国家地质公园、世界生物圈保护区，被世人誉为"童话世界"，号称"水景之王"，故有"九寨归来不看水"之说。九寨沟距离成都市 400 多千米，系长江水系嘉陵江上游白水江源头的一条大支沟。九寨沟自然保护区地势南高北低，山谷深切，高低悬殊。北缘九寨沟口海拔仅2000米，中部峰岭均在4000米以上，南缘为4500米以上，主沟长30多千米。九寨沟的得名来自景区内的九个藏族寨子（树正寨、则查洼寨、黑角寨、荷叶寨、盘亚寨、亚拉寨、尖盘寨、热西寨、郭都寨），这九个寨子又被称为"和药九寨"。由于九个寨子的藏族民众世代居住于此，故名"九寨沟"。九寨沟的动植物资源丰富，具有极高的生态保护、科学研究和美学旅游价值。景区的生物多样性、物种珍稀性的特点突出。高山湖泊群、瀑布、彩林、雪峰、蓝冰和藏族风情并称"九寨沟六绝"。九寨沟还是以地质遗迹钙化湖泊、滩流、瀑布景观、岩溶水系统和森林生态系统为主要保护对象的国家地质公园，具有极高的科研价值。

九寨沟景区面积大，景点众多，典型景点包括五花海、五彩池、长海、诺日朗瀑布、树正群海、芦苇海、镜海、珍珠滩瀑布、犀牛海、扎如寺、火花海、熊猫海等。

九寨沟四周雪峰高耸，湖水清澈艳丽，飞瀑多姿多彩，急流汹涌澎湃，林木青葱婆娑。蓝蓝的天空、明媚的阳光、清新的空气和点缀其间的古老村寨、栈桥、磨坊，组成了一幅内涵丰富、和谐统一的优美画卷。

秋天是九寨沟最美的季节。山林晕染成色，除了绿色以外，还呈现出金黄、火红等色彩，倒映在明丽的湖水中，五彩斑斓。缤纷的落叶在湖光流韵间飘浮，悠远的晴空碧净而湛蓝，秋天的九寨沟美得仿佛不真实，无时无刻不在演绎着赤、橙、黄、绿、青、蓝、紫的梦幻组合。

当看到五花海的图片时，我们可以按照以下素材，结合自己的知识储备进行导游词创作。

五花海，是滑坡、泥石流阻塞原冰川沟谷形成的堰塞湖，是九寨沟色彩最丰富的海子。阳光一照，海子更为迷离恍惚，绚丽多姿，一片光怪陆离，让人感觉仿佛进入了童话境地。一湖千变万化的锦绣，叫人痴迷沉醉。透过清澈的水面，可见湖底有泉水上涌。山风徐来，各种色彩相互渗透、镶嵌、浸染，五花海就像有了生命一样活跃、跳动起来。

五花海位于九寨沟旅游景区中心，有"九寨沟一绝"和"九寨精华"之誉，是九寨沟的骄傲。在同一水域中，五花海可以呈现出青绿、墨绿、深蓝、藏青、金黄等色，斑驳迷离，色彩缤纷，是九寨沟各个景点中最为精彩的景点之一，吸引了无数游客和摄影爱好者。在九寨沟的众多海子中，名气最大、景色最为漂亮的当属五花海。

从老虎嘴观赏点向下望去，五花海犹如一只开屏的孔雀，色彩斑斓，美不胜收。这里是真正的童话世界，传说中的色彩天堂。

远远望去，映入眼帘的，是五花海怀抱中那青绿、墨绿、深蓝、藏青、金黄，还有一些说不清道不明的色彩拼成的层次清晰的斑斓倩影。它们相互错杂却不混沌，相互映衬却不侵蚀，相互点缀却不排挤，美得恰到好处。

沿着幽林栈道一路下坡而去，不久便可以到达五花海。绕过五花海的西侧，有一段栈道是欣赏水光秋色的绝佳点。游客可在此驻足观赏。沿着栈道继续北行，可以到达五花海的北岸。穿出幽林，沿栈道右拐，顺五花海的北侧湖岸向东前行，经过一片空旷、平缓的山坡地很快就到了栈道的终点。这里是五花海的出水口与孔雀河道的交接点，上建一座栈桥。栈桥南侧的湖面，墨绿、宝蓝、翠黄的色块混杂在一起，似孔雀的彩翅；栈桥北侧，河湾状如孔雀头颈，三株古树似顶戴花翎。因此这里以下被称为孔雀河道。沿着孔雀河道的左岸北行约一百米，越过河道便上到环山公路。从这段公路俯视五花海，景色更加令人叫绝。沿环山公路往东南方向，就到了五花海东南侧的最高点，这里有一块巨大的石头，被称为老虎石。站在老虎石上俯视，可以观察到五花海的全貌。

入秋后，五花海便笼罩在一片绚丽的秋色中。五花海的彩叶大半集中在出水口附近的湖畔，一株株彩叶交织成锦，如火焰流金。含碳酸钙质的池水，与含不同叶绿素的水生群落，在阳光的作用下，幻化出缤纷色彩，一团团、一块块，有湛蓝，有墨绿，有翠黄。岸上林丛，赤、橙、黄、绿倒映池中，色彩斑斓，与水下沉木、植物相互点染，其美尤妙。

当看到诺日朗瀑布的图片时，我们可以按照以下素材，结合自己的知识储备进行导游词创作。

　　诺日朗瀑布海拔 2343 米，高 24.5 米，宽 320 米，是中国最宽的高山钙华瀑布。"诺日朗"三个字在藏语中是"男神"的意思，象征高大雄伟。滔滔流水自诺日朗群海而来，从瀑顶树丛中倾泻而下，水势浩大，声震山谷，腾起蒙蒙水雾。在早晨阳光的照耀下，我们常可见到一道道彩虹横挂山谷，它们使得这一片飞瀑的风姿更加迷人。瀑布对面建有一座观景台，站在台上，瀑布全景尽收眼底。秋季时，瀑布的三百米飞流在秋色、云雾的衬托下，化成一幕波澜壮阔的画面。众多的影视剧曾在这里取景。诺日朗瀑布的景色四季皆变换。春天的诺日朗瀑布，宛若一个刚刚苏醒的孩子，欢呼雀跃地奔流在苍翠欲滴的山谷崖壁上，给人以一派空灵翠绿、生机勃勃的景象。当夏日来临时，瀑布水量增多，声势渐壮，流水跌落在瀑下岩石上，激起水花万朵，如银珠万斛，四处抛洒。在金秋时节，山谷坡地，万紫千红，宛若一幅浓重的油画。诺日朗瀑布在一片片红叶、黄叶之中，分成无数股细流，飘然而下，景色最为迷人。在寒冬时节，瀑布就成了一层巨大的冰幔，无数的冰柱悬挂在陡崖之上，构成一个罕见的冰晶世界，造型各异的冰雕迎光透着幽幽的蓝色魅惑，这也是九寨沟六绝之一——蓝冰。传说以前这里没有瀑布，只有平台。有一年，远游归来的扎尔穆德和尚带回了贝叶经和手摇纺车。村里有一个美丽、聪明的藏族姑娘叫若依。她很快学会了用纺车纺线。她希望大家都能学会纺织的本领，于是把纺车架到了三沟交界的平台上，让过往的姐妹们观看、学习。之后人们便称这里为"纺织台"。然而，凶残的头目罗扎认为她在搞歪门邪道，一脚把她和纺车踢下了山崖。顷刻间，狂风骤雨，电闪雷鸣，山洪暴发，把罗扎和帮凶冲下了悬崖，纺织台就变成了今天的瀑布。

　　温馨提示：九寨沟景区需要重点熟悉的景点有五花海、五彩池、长海、诺日朗瀑布、树正群海、芦苇海、镜海、犀牛海、珍珠滩瀑布。

四、图片型导游词创作案例分享

第一种情况——通过观看熊猫进食的照片创作导游词

当我们看到右侧这张照片的时候，该如何完成导游词创作呢？

题目设定：这是一张熊猫进食的照片。请根据它写一篇不少于 600 字的导游词，内容至少涵盖对熊猫的主食——竹子和竹笋、成年大熊猫的体重和熊猫幼崽的体重、"熊猫醉水"现象的介绍。

解题技巧：首先观看照片，找出照片上呈现的素材和信息，并一一罗列出来，以备随后创作导游词时使用。

素材和信息 1：这是一只成年大熊猫，其毛发黑白分明。从它身旁的一大堆竹子和竹笋我们可以看出熊猫的进食量很大。因为熊猫的消化道短，对摄取食物的营养不利，因此熊猫需要不断进食。从照片上的环境看，这是一只人工圈养的熊猫。在创作导游词时，我们可以假定熊猫生活在成都大熊猫繁育研究基地。野生的成年大熊猫的体重一般为 60～73 千克，最重可达 110 千克；人工饲养的成年大熊猫的体重一般为 80～125 千克，最重可达 181.5 千克。成年的雌性大熊猫比雄性大熊猫重。刚出生的熊猫幼崽的平均体重约为 140 克，是动物界里与母体体重相差最大的。

素材和信息 2：从题干的文字描述可以得知，导游词要达到 600 字，要有对成年大熊猫和熊猫幼崽的体重的比较的表述，以及对大熊猫的习性，如"熊猫醉水"现象的介绍。

根据上述素材和信息，我们可以将导游词的讲解背景设定为在旅游车快到成都大熊猫繁育研究基地时，首先对基地进行概述性介绍，然后将以上信息及自己对大熊猫的了解融入导游词。在创作时，我们要确保内容准确，翔实。

熊猫进食图导游词创作范文。

憨态萌宝大熊猫导游词

各位游客，大家早上好！旅游车从酒店一路过来，经过府青路，过了三环，前方很快就要到达成都大熊猫繁育研究基地了。现在，我给大家简单介绍一下我们即将要重点参观的大熊猫。我们都知道大熊猫是国宝。在第 31 届世界大学生运动会上，"蓉宝"憨态可掬的形象让人难忘。目前，大熊猫的数量非常少，总共加起来还不到 2000 只。它们生活在我国四川、甘肃、陕西三个省份的交界处，是中国特有的动物。国外的大熊猫全部是中国赠送或借展的。一会儿大家可以看到，大熊猫的四肢、眼睛和耳朵都是黑色的，其他部分是白色的，特别可爱。野生的成年大熊猫的体重一般为60~73千克，最重可达110千克；人工饲养的成年大熊猫的体重一般为80~125千克，最重可达181.5千克。成年的雌性大熊猫比雄性大熊猫重。刚出生的熊猫幼崽的平均体重约为140克，是动物界里与母体体重相差最大的。大熊猫的主食是竹子和竹笋。大熊猫每天能吃10~18千克的竹子。由于大熊猫的消化道比较短，排空很快，消化吸收不理想，所以它们一天当中有一半时间都在吃。据了解，野生大熊猫常生活在清泉流水附近，有嗜饮的习性。有时，它们也不惜长途跋涉到很远的山谷中去饮水。一旦找到水源，大熊猫就会畅饮，以致"醉"倒不能走动，如同一个醉汉躺卧在溪边，因此有"熊猫醉水"之说。熊猫的趣事还多得很呢，一会儿到了现场，大家再仔细去观察并发现吧。好了，说话间，我们的车已经到了停车场了。现在，请大家随我下车吧。

第二种情况——通过观看故宫景区导览图（局部）创作导游词

当我们看到右侧这幅故宫景区导览图（局部）时，该如何完成导游词创作呢？

题目设定：这是一幅建筑群的平面图。请根据它写一篇不少于600字的介绍太和殿、中和殿、保和殿的导游词。要求主题特色鲜明，结构合理，内容正确、完整。

解题技巧：首先观看图片，找出图片上呈现的素材和信息，并一一罗列出来，以备随后创作导游词时使用。

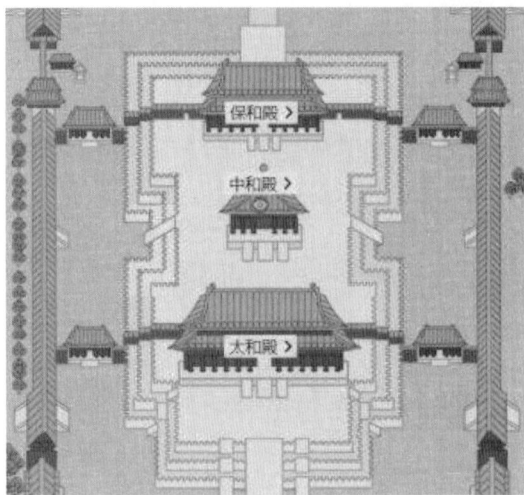

素材和信息1：这是一幅故宫博物院的局部平面图，在中轴线上，由近及远依次呈现的是太和殿、中和殿和保和殿。

素材和信息2：虽然图片是简易的导览图，但从上面我们还是可以看到一些核心信息的，比如画面上的第一重大殿太和殿是重檐庑殿顶建筑，典型的皇权最高级别场所，也是中国明清两朝许多重要历史事件的发生地。中间的中和殿为单檐四角攒尖顶。皇帝在举行大典前会先在中和殿小憩，而后由中和殿前往太和殿。保和殿是故宫外朝最后的大殿，同太和殿、中和殿整体建在一座"土"字形台基（为三层汉白玉石台基）之上。

根据上述素材和信息，我们可以将导游词的讲解背景设定为进午门后，看到太和殿时，然后将以上信息及自己对故宫的了解融入导游词。注意对三大殿的相关知识，如建筑风格等进行讲解介绍，并在遣词造句上加以完善，使之成为一篇内容丰富，表现力、感染力强的导游词。

故宫景区导览图（局部）导游词创作范文。

故宫博物院太和殿、中和殿、保和殿导游词

各位游客大家好，欢迎来到北京故宫博物院。刚才我们从午门一路参观过来，现在映入大家眼帘的就是故宫著名的三大殿之一太和殿了。

请大家跟着我的脚步，跨进这扇大门。现在我们所在的地方就是太和殿了。太和殿，俗称"金銮殿"，位于紫禁城南北主轴线的显要位置。明永乐十八年（1420年）建成，被称为奉天殿。自建成后屡遭焚毁，又多次重建，今天我们所见到的为清康熙三十四年（1695年）重建后的形制。太和殿是紫禁城内体量最大、等级最高的建筑物，建筑规制之高，装饰手法之精，堪列中国古代建筑之首。太和殿面阔 11 间，进深 5 间，其上为重檐庑殿顶，檐角安放 10 个走兽，数量之多为现存古建筑中所仅见。太和殿的装饰十分豪华，檐下施以密集的斗拱，室内外梁枋上饰以和玺彩画，门窗上部嵌成菱花格纹，下部浮雕云龙图案，接榫处安有镌刻龙纹的鎏金铜叶。殿内金砖铺地，明间设宝座，宝座两侧排列 6 根沥粉贴金云龙图案的巨柱。宝座前两侧有四对陈设：宝象、甪端、仙鹤和香亭。宝象象征国家的安定和政权的巩固，甪端是传说中的吉祥动物，仙鹤象征长寿，香亭寓意江山稳固。明清两朝 24 个皇帝都在太和殿举行盛大典礼，如皇帝登基、皇帝大婚、册立皇后、命将出征等。

看完太和殿，大家随我继续向前走，就到中和殿了。中和殿平面呈正方形，面阔、进深各为 3 间，四面出廊，金砖铺地，屋顶为单檐四角攒尖顶，屋面覆黄色琉璃瓦。殿内外檐均饰金龙和玺彩画，天花为沥粉贴金正面龙，殿内设地屏宝座。在举行各种大典前，皇帝先在中和殿小憩，并接受执事官员的朝拜。凡遇皇帝亲祭，如祭天坛、地坛，皇帝于前一日就会在这里阅览祝文；祭先农坛举行亲耕仪式前，还要在此查验种子和农具。

各位请再往前面走，现在我们所看到的就是保和殿了。保和殿面阔 9 间，进深 5 间，屋顶为重檐歇山顶，上覆黄色琉璃瓦，上下檐角均安放 9 个小兽。内外檐均为金龙和玺彩

画，天花为沥粉贴金正面龙。六架天花梁彩画极其别致，与偏重丹红色的装修和陈设搭配协调，显得华贵富丽。殿内金砖铺地，坐北向南设雕镂金漆宝座。东西两梢间为暖阁，安板门两扇，上加木质浮雕如意云龙浑金毗庐帽。建筑上采用了减柱造做法，将殿内前檐金柱减去六根，使空间宽敞。保和殿在明、清两代的用途不同：明代大典前皇帝常在此更衣；清代每年除夕、正月十五，皇帝赐外藩，王公及一、二品大臣宴，赐额驸之父、有官职家属宴，每科殿试均于保和殿举行。

过了这保和殿，后面就是乾清门了。乾清门是前朝和后寝的分界线。一会儿到了乾清门，我再给大家仔细讲解后寝的故事。现在，请大家在这里自行参观。

五、图片型导游词的写作实训

右侧这幅画是一幅景区风貌简笔画。请根据图片型导游词的创作要求和注意事项，结合自身对简笔画中的地方文化的理解，完成导游词的创作。要求内容正确，主题鲜明，重点突出，游踪清晰，层次分明，结构严谨，过渡自然，不少于 600 字。

⭐ **活动三　讨论与评价**

【大讨论】

1. 图片型导游词的创作步骤有哪些？

2. 在创作图片型导游词时主要注意哪些方面的内容？

【任务评价】

评价项目	自我评定	小组评定	教师评定
简述撰写图片型导游词时的注意事项（40分）			
创作一篇图片型导游词并口头展示（60分）			
总评（等级评定）			
等级评定：优（90分及以上）良（80—89分）中（70—79分）合格（60—69分）不合格（60分以下）			

【实训心得】

附录一

导游词作品评分参考细则

（100 分制）

序号	评分要素	评分细则	分值（分）
1	主题方面 （10分）	①作品紧扣主题，特色鲜明，感染力强	8～10
		②作品有一定主题，但不够突出，感染力一般	4～7
		③作品主题不够明确或没有主题，缺乏感染力	0～3
2	材料运用方面 （10分）	①作品选材合理，尊重史实和现实	8～10
		②作品选材较合理，对史实和现实的真实性把握不够	4～7
		③作品选材与主题不符，捏造史实或现实	0～3
3	导游词内容方面 （30分）	①作品内容正确，科学，完整	26～30
		②作品内容较正确和完整，能体现一定的科学性	20～25
		③作品内容有明显错误，对事物（人物）的描述不够完整或缺乏科学的解释	10～19
		④作品内容有多处明显错误，拼凑现象严重	0～9
4	导游词语言表现方面 （15分）	①作品语言生动幽默，体现口语化特点	10～15
		②作品语言较生动幽默，具有一定的吸引力，较通俗易懂	5～9
		③作品语言生硬，晦涩难懂，表达不顺畅，缺乏幽默感	0～4
5	导游词整体结构方面 （20分）	①作品结构合理，详略得当	15～20
		②作品结构较合理，能突出重点讲解事物（人物）	10～14
		③作品有明显问题，详略不当	5～9
		④作品结构混乱，缺乏条理	0～4
6	通篇导游词内涵方面 （15分）	①作品具有文化内涵，体现创新性、时代性、趣味性	10～15
		②作品具有一定的文化内涵，但创新性不突出，时代性不明显，趣味性不充分	5～9
		③作品缺乏文化内涵，未能体现创新性、时代性、趣味性	0～4

　　备注：上表适用于对本教材中所涉及的所有形式的导游词作品的衡量和考核。各地教师可根据具体情况，将此表做适当调整后使用。

附录二

导游技能大赛中现场导游词创作环节——
"抽取旅游文化元素现场完成导游词创作及讲解"真实案例列举

目前，国赛及地方各类导游技能大赛中都设有"现场完成导游词创作"环节，其目的是检测选手的知识储备、归纳材料能力及写作能力等。赛事方预先设定 20~30 个旅游文化元素，由选手现场抽取一个，通过 10 分钟的现场准备，完成不少于 2 分 30 秒的脱稿讲解。以下以端午节、重阳节、泼水节、白蛇传、梁山伯与祝英台、孟姜女哭长城、川菜、西安牛羊肉泡馍、兰州拉面、文房四宝十个旅游文化元素为例梳理讲解内容。

1. 端午节

端午节是中国的传统节日，时在农历五月初五，因端有"初"的意思，故又名端五。

端午节的由来：公元前 278 年农历五月初五，屈原听到秦军攻破楚国都城的消息后，悲愤交加，抱石投入汨罗江，以身殉国。沿江百姓为防止鱼虾蚕食他的身体，将粽子投入江中，喂食鱼虾。

端午节的习俗：端午习俗内容丰富多彩，全国各地存在细节上的差异。第一，赛龙舟。赛龙舟是多人集体划桨竞赛，至今在我国南方沿海一带仍十分流行。第二，包粽子。粽子的主要材料是糯米、馅料，用芦苇叶或箬叶包裹而成。粽子的形状多样，有尖角状、方块状等。粽子有甜粽和咸粽两大类，北方大多以吃甜粽为主，南方则更偏爱咸粽。随着生活水平的提高，粽子的馅料也越来越丰富，于是出现了肉粽、蜜饯粽、板栗粽、辣粽、酸菜粽、火腿粽、咸蛋粽等。第三，佩戴香囊。香囊内通常填充一些具有香味和开窍作用的中草药，据说有驱虫、防病的功效。第四，跳钟馗。跳钟馗是一种民间舞蹈，源自北宋。端午跳钟馗的寓意为消除五毒，四季平安。第五，拴五色线。中国古代以五色为吉祥色。端午清晨，各家大人在起床后，第一件事便是在孩子手腕、脚腕上拴上用红、绿、黄、白、黑色丝线搓成的五色线。系线时，孩子不宜开口说话。在端午节后的第一个雨天，把五色线剪断扔在雨水中，意味着让雨水将瘟疫、疾病冲走，带来一年好运。

2. 重阳节

农历九月初九为重阳节，又称重九节、登高节，是中国传统节日之一。重九成为节日，可以追溯到汉代。《西京杂记》中有记载，汉武帝的宫人贾佩兰于九月初九佩茱萸，食蓬饵，饮菊花酒，说能令人长寿。经过两千多年的变迁，重阳节已成为多元性的节日，伴有形式多样的习俗。

重阳节期间，民间要举行各种活动，其中包括登高、采药、插茱萸、赏菊花、饮菊花酒、围猎、射柳、放风筝、蹴鞠、吃重阳糕、孝敬老人等。

今天的重阳节被赋予了新的含义。1989 年，我国广东省首先把每年的九月初九定为老人节，倡导全社会形成一种尊老、敬老、爱老、助老的风气。全国各机关、团体、社区往往都在此时组织从工作岗位上退下来的老人们秋游赏景，或临水玩乐，或登山健体，让老人的身心在大自然的怀抱里得到舒展。不少家庭中的晚辈也会搀扶着年老的长辈到郊外活动或特地为老人准备一些可口的饭食。

3. 泼水节

泼水节又名浴佛节，傣语为"比迈"（意为新年）。西双版纳德宏地区的傣族又称此节日为"尚罕"和"尚键"。两名称均源于梵语，意为周转、变更和转移，指太阳已经在黄道运转一周开始向新的一年过渡。

泼水节一般在傣历六月中旬（即清明节后第七至第十天）举行，是西双版纳最隆重的传统节日之一，包括民俗活动、艺术表演、经贸交流等，具体节日活动有采花、泼水、赶摆、赛龙舟、武术表演、章哈演唱和孔雀舞、白象舞表演等。

节日期间，傣族男女老少都穿上节日盛装，互相泼水。泼出的清水象征着吉祥、幸福、健康。

泼水节是全面展现傣族水文化、音乐舞蹈文化、饮食文化、服饰文化等的综合舞台，是研究傣族历史的重要窗口，具有较高的学术价值。泼水节展示的章哈演唱、白象舞表演等能给人以艺术享受，有助于人们了解傣族感悟自然、爱水敬佛、温婉沉静的民族特性。同时，泼水节还是加强西双版纳人民大团结的重要纽带，对促进西双版纳与东南亚各国友好合作交流、促进社会经济文化的发展起到了积极作用。

4. 白蛇传

白蛇传是中国古代民间传说。白蛇传讲的是白蛇变成的白娘子与青年许仙之间的爱情故事。主要情节为：清明时节，白娘子带小青游西湖，遇雨乘船，白娘子与许仙（也作许宣）一见钟情。二人在借伞、还伞的接触过程中增进了感情，并结为夫妻。此后二人迁往镇江开店。金山寺法海和尚看到许仙脸上有妖气，让他在端午节给白娘子喝雄黄酒。白娘子喝下雄黄酒后现出蛇形，吓死许仙。白娘子冒险上昆仑山盗灵芝仙草救活许仙。其后法海让许仙到金山寺避难，白娘子寻夫未果，在与法海打斗过程中水漫金山寺，伤害生灵无数，后被法海的钵盂扣住，镇压在杭州雷峰塔下。当时法海留下"西湖水干，江潮不起，雷峰塔倒，白蛇得出"的禁锢偈语，欲将白娘子永远镇在雷峰塔下。明代冯梦龙的《白娘子永镇雷峰塔》、清代黄图珌的《雷峰塔》都以白娘子被镇压塔下结尾，而清代方成培的《雷峰塔》改变了这一悲剧结局，让许仙之子许士麟赴京考中状元，回乡祭塔拜母，以孝义感动法海，雷峰塔倒，白娘子获得自由，全家人团圆。

白蛇传这个传说体现着我们中华民族独特的思想文化，是祖先留给我们的财富，带给我们无限的遐想，也成为我们艺术创作的独特题材，是民间文学一处永不枯竭的宝藏。它表达了广大人民对人性解放的渴望，是中华民族宝贵的精神文化遗产。白蛇传与断桥、雷峰塔及西湖等景观的密不可分的关系，使杭州和西湖具有了更为丰厚的文化内涵。

5. 梁山伯与祝英台

梁山伯与祝英台是中国古代民间爱情故事，是中国民间文学艺术之林中的一朵奇葩，是中华文化的瑰宝，在世界上产生了广泛影响。梁山伯与祝英台的故事可谓家喻户晓，流传深远，被誉为爱情的千古绝唱。从古到今，有无数人被梁山伯与祝英台的凄美爱情故事所感动。

梁山伯与祝英台之间的故事是历史上确实发生过的真实事件。1600多年前的永和年间，祝家庄女子祝英台扮男装与哥哥祝英祺同去春秋学堂读书，结识了南港向山的梁山伯。祝英台和梁山伯二人情投意合，抵足而眠，结为兄弟，发誓同生死。同窗中还有住马家河口的马文才，他与祝英祺是好朋友。同窗三年，大家依依惜别，梁山伯与祝英台约定了再次相会的日期。谁知梁山伯回家后父母相继病亡，梁山伯为侍候二老及料理后事，前后耽搁了近两年时间。待他从悲痛中解脱出来赶到祝家庄时才得知祝英台原来是女子，并且已被许配给马文才。梁山伯后悔不已，因思念过度溘然长逝，被葬在梁山桥村前面的旷野上。

梁山伯死后第二年，马文才迎娶祝英台。祝英台得知梁山伯是因思念自己而死后悲痛万分，遂心生一计，提出必须祭奠梁山伯后才肯完婚。吉日当天本来风和日丽，但走到半路，突然电闪雷鸣，暴雨倾盆。祝英台身穿重孝，趁机摆脱众人，赶到梁山伯墓前哭拜，这时马文才也带领迎亲队伍赶到。突然一声巨雷，坟墓被炸开，祝英台顺势向墓里扑去。马文才急忙去拉祝英台，但只撕下了一个衣角，再去拉祝英台时，祝英台已经扑到墓里。又一声巨雷，坟墓合起来了，马文才目瞪口呆。雨止天晴，梁山伯墓上却有一对彩蝶在翩翩起舞。此事轰动乡里，尹知府得到消息赶来，连称"义妇也"，遂修表上奏。此后梁祝墓被御封为"义妇冢"。

梁祝的爱情悲剧，使人们认真思考包办婚姻制度的落后性，为改善婚姻制度提供了有益的帮助。如果说，梁祝婚姻被残酷葬送具有强烈的悲剧意义，那么它的"化蝶"结尾便富有积极意义。"化蝶"的结局，体现了爱情的伟大力量，体现了人们对美好事物的执着追求。千百年来，这种力量一直鼓舞着人们与一切为了私利而破坏世间美好事物的邪恶势力做斗争。千百年来，梁祝传说以提倡求知、崇尚爱情、歌颂生命生生不息的鲜明主题深深打动着人们，以曲折动人的情节、鲜明的人物性格、奇巧的故事结构而受到民众的广泛喜爱。

6. 孟姜女哭长城

孟姜女哭长城是中国古代民间爱情故事。相传在青年男女范喜良、孟姜女新婚三天时，新郎就被征调去修筑长城，不久因饥寒劳累而死，其尸骨被埋在长城墙下。孟姜女身背寒衣，历尽艰辛，不远万里来到长城边寻夫，得到的却是丈夫死亡的噩耗。她痛哭于城下，三天三夜不止，那段长城就此坍塌，露出了范喜良的尸骸。孟姜女安葬范喜良后于绝望之中投海而亡。

后人认为河北省秦皇岛市山海关是孟姜女哭长城之地，因而在那里建了孟姜女庙。孟姜女庙由贞女祠和孟姜女苑组成。庙前有 108 级台阶直通山门，庙上红色围墙内有前后两殿及钟楼、振衣亭、望夫石等景观。庙后建有江南水乡风格的园林观赏区——孟姜女苑及东西配殿，再现了孟姜女哭长城的故事全景。

孟姜女庙是长城文化衍生出的民间文化产物。初临孟姜女庙的人，常常会感慨于 108 级石阶深深的寓意，更感叹这小小庙宇历经千年的顽强生命力。庙里的一副楹联"海水朝朝朝朝朝朝朝落；浮云长长长长长长长消"（hǎi shuǐ cháo , zhāo zhāo cháo, zhāo cháo zhāo luò；fú yún zhǎng , cháng cháng zhǎng , cháng zhǎng cháng xiāo）包含着人生哲理，让后人产生无限遐想，从中可见中华文化的深厚底蕴。

7. 川菜

川菜，即四川菜肴，是中国八大菜系之一，是中华料理集大成者，以尚滋味、好辛香为特点。川菜在中国烹饪史上占有重要地位，以麻辣著称，善于吸收，善于创新，以其别具一格的烹饪方法和浓郁的地方风味享誉中外。川菜的味型之多，居各大菜系之首。基本味型为麻、辣、甜、咸、酸、苦，富于变化，以鱼香、红油、怪味、麻辣较为突出。川菜烹调有四个特点：一是选料认真，二是刀工精细，三是搭配合理，四是烹调精心。

川菜是历史悠久、地方风味极为浓厚的菜系，经过长期的发展，形成了高级宴会菜式、普通宴会菜式、大众便餐菜式和家常风味菜式四种菜式。

四川省成都市被联合国教科文组织授予"世界美食之都"的荣誉称号，并拥有世界上唯一以菜系文化为陈列内容的活态主题博物馆——川菜博物馆。代表菜品有鱼香肉丝、宫保鸡丁、水煮鱼、水煮肉片、夫妻肺片、辣子鸡丁、麻婆豆腐等。

8. 西安牛羊肉泡馍

牛羊肉泡馍是陕西的风味美馔，尤以西安最享盛名。西安牛羊肉泡馍烹制精细，料重味醇，肉烂汤浓，肥而不腻，营养丰富，香气四溢，诱人食欲，食后令人回味无穷。因它暖胃耐饥，素为西安和西北地区人民所喜爱。外宾来陕时也争先品尝，以饱口福。牛羊肉泡馍已成为陕西名食的"总代表"。

牛羊肉泡馍不仅讲究烹调，更讲究"会吃"。没有经验的人，吃前总习惯用筷子来回搅动，这是一忌。"老陕"的吃法是，从一边一点一点"蚕食"，这样能始终吃出鲜味。吃时，还可根据自己的口味，调入糖蒜或香菜、辣子酱、芝麻油之类的佐料。吃后，饮"高汤"（即原汁汤加粉丝烩制而成）一碗，异香满口，顿觉神清气爽。

1986年，北京钓鱼台国宾馆邀请西安技师传授泡馍技艺，使牛羊肉泡馍这一地方风味跻入国宴行列。西安同盛祥牛羊肉泡馍制作技艺作为西安牛羊肉泡馍的代表，被列入了第二批国家级非物质文化遗产名录。

9. 兰州牛肉面

兰州牛肉面，又称兰州清汤牛肉面，是甘肃省兰州地区的风味小吃。它以"汤镜者清，肉烂者香，面细者精"和"一清二白三红四绿五黄"[一清（汤清）、二白（萝卜白）、三红（辣椒油红）、四绿（香菜、蒜苗绿）、五黄（面条黄亮）]，赢得了国内乃至全世界顾客的好评，成为兰州最具特色的大众化小吃，并于1999年被中国烹饪协会评为三大中式快餐之一（和北京全聚德烤鸭、天津狗不理包子一起），得到了"中华第一面"的美誉。

兰州牛肉面始于清朝嘉庆年间，距今已有两百多年的历史。选料、和面、饧面、溜条和拉面是制面的五步。其中，和面是拉面制作的基础，最为关键，讲究"三遍水，三遍灰，九九八十一遍揉"。抻拉技术要求高，要求拉出来的面条光滑筋道，细如丝且不断，在锅里稍煮一下即捞出，柔韧不粘。一碗好面的标准是"汤清亮，肉酥香，面韧长"。

10. 文房四宝

文房四宝指笔、墨、纸、砚四种书写用品，摆设方法为托盘的左侧摆砚，墨架在砚上，右侧摆笔架，毛笔架在上面，纸在托盘的后方。

笔，在文房四宝中指毛笔。毛笔由笔毫和笔管组成。笔毫主要由兽毛禽羽组成，也有少数用人的毛发或植物纤维制成，主要有狼（黄鼠狼）毫、羊毫、紫毫（紫色兔毫）、兼毫（狼毫和羊毫兼有）四大类。笔管多由竹竿制成，也有木管、瓷管、象牙管、琉璃管、玳瑁管、花梨管、紫檀管、金管、银管等。笔管的装饰工艺有釉彩、雕刻、镶嵌等。

墨，是书写、绘画的色料，可分为油烟墨、漆烟墨和松烟墨三种。传统制墨工艺有炼烟、和料、制作、晾干、描金等。具体为：①炼烟。包括油烟和松烟的炼制。②和料。用文火熬胶，投入色素原料和添加原料制成坯料。③制作。坯料经反复锤敲，搓拓成浑然无缝隙的墨果，压入墨模成型。④晾干。用平放、入灰、扎吊等方法自然晾干，不能直接吹风、日晒、烘烤。⑤描金。墨晾干后按墨面纹样描饰金、银、彩色。

纸，指宣纸。宣纸具有韧而能润、光而不滑、洁白稠密、纹理纯净、搓折无损、润墨性强、渗水性强等特点，并有独特的渗透、润滑性能，耐老化，不变色，少虫蛀，寿命长。主要供书画、裱拓、水印等。宣纸除了供题诗作画外，还是书写外交照会、保存高级档案和史料的最佳用纸。

砚，即砚台，是一种研磨用具。砚台是古代文人重要的书画用具，一般为石质，也有用金、银、铜、瓷、陶、澄泥等材料制成的。砚以质细、发墨、不损笔、雕刻精为好。砚台造型各异，但一般都包括砚池、砚边、砚堂等部分。汉代开始对砚台进行装饰。唐代砚台以陶砚为主，至宋代，端、歙、洮河、澄泥四大名砚正式出现。明清时期，砚台除了实用功能外，更强调观赏性。清代是砚台制作的辉煌期，砚台雕刻华美，收藏之风盛行。